广东省铁路建设管理标准化系列丛书

广东省铁路工程监管工作标准化指南

广东省交通运输厅 组织编写

人民交通出版社股份有限公司

北京

内 容 提 要

《广东省铁路工程监管工作标准化指南》是铁路工程监管工作的指导性文件，分为13章，包括：总则、术语、基本规定、招标投标监督管理、勘察设计监督管理、工程造价监督管理、建设市场秩序监督管理、质量安全监督管理、投诉举报调查处理、事故调查处理、监督检查问题处理、工程质量监督工作报告及监督档案管理、监督（服务）机构及人员考核管理以及21个附录。

本指南是铁路工程监管工作依据，供各级铁路建设行政主管部门、监管部门、监督机构和建设管理单位参考使用。

图书在版编目(CIP)数据

广东省铁路工程监管工作标准化指南/广东省交通运输厅组织编写.—北京：人民交通出版社股份有限公司,2023.7

ISBN 978-7-114-18789-6

Ⅰ.①广… Ⅱ.①广… Ⅲ.①铁路工程—工程质量—监督管理—行业标准—中国 Ⅳ.①U215.1-65

中国国家版本馆 CIP 数据核字(2023)第 084507 号

Guangdong Sheng Tielu Gongcheng Jianguan Gongzuo Biaozhunhua Zhinan

书　名：	广东省铁路工程监管工作标准化指南
著　作　者：	广东省交通运输厅
责任编辑：	朱明周
责任校对：	孙国靖　刘　璇
责任印制：	张　凯
出版发行：	人民交通出版社股份有限公司
地　　址：	(100011)北京市朝阳区安定门外外馆斜街3号
网　　址：	http://www.ccpcl.com.cn
销售电话：	(010)59757973
总 经 销：	人民交通出版社股份有限公司发行部
经　　销：	各地新华书店
印　　刷：	北京建宏印刷有限公司
开　　本：	889×1194　1/16
印　　张：	7.25
字　　数：	124 千
版　　次：	2023 年 7 月　第 1 版
印　　次：	2023 年 11 月　第 2 次印刷
书　　号：	ISBN 978-7-114-18789-6
定　　价：	58.00 元

(有印刷、装订质量问题的图书，由本公司负责调换)

《广东省铁路工程监管工作标准化指南》

编审委员会

主　任：贾绍明

副主任：梁育辉　王　新　陈德柱　张　强

委　员：许传博　肖宇松　张　帆　符　兵
　　　　　顾建华　刘智成　黄力平　余国武
　　　　　安春生　刘明江　李奎双　庄碧涛
　　　　　姜云楼　肖秋生　王爱武　谭　文
　　　　　潘明亮　张　峰　陈山平　郭明泉
　　　　　张晓占　张春武

《广东省铁路工程监管工作标准化指南》

参与单位

主编单位: 中铁大桥勘测设计院集团有限公司

参编单位: 广东省铁路建设投资集团有限公司

广州地铁集团有限公司

深圳市地铁集团有限公司

广东省交通建设工程质量检测中心

广东省交通运输工程造价事务中心

中铁武汉勘察设计院有限公司

《广东省铁路工程监管工作标准化指南》

参与人员

主要起草人员：张春武　许传博　张　帆　刘明江
　　　　　　　王爱武　毛李伟　陈山平　林熠钿
　　　　　　　胡天明　罗召平　李世久　谈红福
主要审查人员：贾绍明　王　新　张　强　符　兵
　　　　　　　梁育辉　顾建华　余国武　安春生
　　　　　　　李奎双　庄碧涛　姜云楼　肖秋生
　　　　　　　黄力平　谭　文　潘明亮　陈正贵
　　　　　　　张晓占　张　峰

FOREWORD 序 言

推动铁路高质量发展是新时代新征程铁路工作的主题。高质量发展，离不开高质量的监管。广东省交通运输厅组织中铁大桥勘测设计院集团有限公司、中铁武汉勘察设计院有限公司等编制的《广东省铁路工程监管工作标准化指南》和《铁路建设工程监督检查实务手册》（以下分别简称《指南》和《手册》）是推动铁路建设工程监督工作规范化、正规化的具体举措，是推动铁路建设高质量发展、打造"轨道上的大湾区"、助力交通强省建设的重要体现。

《指南》聚焦基层监管人员监督业务不熟练、检查尺度不统一等难题，从"为什么查、查什么、怎么查、查完怎么办"等角度入手，系统地介绍了监管责任分工、监督服务机构的设置和人员要求，阐述了监管工作的方式方法，全面总结了勘察设计、工程造价、质量安全、建设市场秩序、投诉举报和事故调查等监管活动的工作要求和业务流程。《手册》以坚持问题导向、突出重点为原则，明确了工程质量安全的检查事项、检查环节、检查内容、检查方法、依据条款、问题描述、问题定性和处理，采用清单形式，简单明了，便于检查人员操作。

《指南》和《手册》具有很强的操作性，通过统一监管工作要求，细化工作流程，规范监管行为，明确监管重点事项实施清单，可进一步提升铁路监管效能。

《指南》和《手册》有利于指导和督促各工程参建单位全面落实各方主体责任，保证工程优质安全，有助于建设、设计、监理、施工单位技术与管理人员掌握铁路工程质量安全管理要点，检查、监督、控制工程的质量安全，对从事铁路建设工程监管和建设管理的读者也会有一定的帮助。

谨向广大的铁路建设管理人员推荐本系列丛书。

中国工程院院士

2023 年 6 月

PREFACE 前 言

为进一步规范和加强铁路建设工程监管工作,推进铁路高质量发展,依法履行监管职责,提升监管效能,建设优质安全、绿色高效的现代化铁路,广东省交通运输厅组织中铁大桥勘测设计院集团有限公司、中铁武汉勘察设计院有限公司等编制了《广东省铁路工程监管工作标准化指南》(简称"本指南")。本指南依据现行铁路建设有关法律法规,充分吸收和总结国家铁路局及其地区监督管理局、广东省铁路建设工程监管工作的经验编制而成。

推动新时代铁路高质量发展,离不开有力有效的监管。本指南的制定,既是落实中共中央、国务院印发的《质量强国建设纲要》和《国务院办公厅关于深入推进跨部门综合监管的指导意见》的要求,强化事前事中事后全链条监管,提升监管工作标准化、规范化的务实举措,也是督促监管人员落实监管责任、规范监管行为的重要体现。

本指南共分13章,包括:总则,术语,基本规定,招标投标监督管理,勘察设计监督管理,工程造价监督管理,建设市场秩序监督管理,质量安全监督管理,投诉举报调查处理,事故调查处理,监督检查问题处理,工程质量监督工作报告及监督档案管理,监督(服务)机构及人员考核管理以及21个附录。本指南通过明确监管工作具体要求,细化监督检查内容,规范监督检查工作程序,总结结果处置方法,从勘察设计、工程造价、质量安全、建设市场秩序、投诉举报和事故调查等方面全面构建了铁路工程监管工作标准化检查体系。

本指南编撰过程中,参考了大量相关法律、法规、标准、规范、规程和文献资料,特向原作者个人和单位表示感谢。同时,国家铁路局、广州铁路监督管理局给予了大力支持,在此一并感谢。

本指南作为铁路工程监管工作的依据,供各级铁路建设行政主管部门、监管部门、监督机构和建设管理单位参考使用。使用过程中发现的问题和意见建议,请反馈至广东省交通运输厅地方铁路处(地址:广州市越秀区白云路27号,邮政编码:510101),供今后修订参考。

广东省交通运输厅
2023年6月

CONTENTS 目 录

1 总则 1

2 术语 2

3 基本规定 4
   3.1 一般规定 4
   3.2 工程质量监督机构及人员要求 5
   3.3 工程质量监督服务机构及人员要求 7
   3.4 监督检测机构及人员要求 7
   3.5 工程造价监督机构及人员要求 8
   3.6 监管工作方式方法 9

4 招标投标监督管理 10
   4.1 一般规定 10
   4.2 监管内容 11
   4.3 问题反馈和处理 13

5 勘察设计监督管理 15
   5.1 一般规定 15
   5.2 监督检查工作流程及监管内容 16
   5.3 问题反馈与处理 19

6 工程造价监督管理 21
   6.1 一般规定 21
   6.2 监管内容 22
   6.3 问题反馈和处理 23

7 建设市场秩序监督管理 ………………………………………………… 24
7.1 一般规定 ……………………………………………………………… 24
7.2 监管内容 ……………………………………………………………… 24
7.3 问题反馈和处理 ……………………………………………………… 27

8 质量安全监督管理 ……………………………………………………… 29
8.1 一般规定 ……………………………………………………………… 29
8.2 监督手续办理及首次监督会议 ……………………………………… 29
8.3 监督检查工作计划及方案 …………………………………………… 31
8.4 监督检查前准备 ……………………………………………………… 32
8.5 监督检查工作流程及检查内容 ……………………………………… 32
8.6 监督检查问题反馈和处理 …………………………………………… 35
8.7 监督检查问题闭环管理 ……………………………………………… 37
8.8 检查总结及信息报送 ………………………………………………… 37
8.9 监督检测一般规定 …………………………………………………… 37
8.10 监督检测工作流程及工作内容 …………………………………… 38
8.11 监督检测结果反馈与处理 ………………………………………… 40

9 投诉举报调查处理 ……………………………………………………… 42
9.1 一般规定 ……………………………………………………………… 42
9.2 受理 …………………………………………………………………… 43
9.3 调查 …………………………………………………………………… 44
9.4 处理 …………………………………………………………………… 46

10 事故调查处理 …………………………………………………………… 48
10.1 一般规定 …………………………………………………………… 48
10.2 调查 ………………………………………………………………… 49
10.3 调查报告编制及事故处理 ………………………………………… 50

11 监督检查问题处理 ……………………………………………………… 52
11.1 一般规定 …………………………………………………………… 52
11.2 书面通报 …………………………………………………………… 52
11.3 警示约谈 …………………………………………………………… 53
11.4 失信惩戒 …………………………………………………………… 54

12 工程质量监督工作报告及监督档案管理 ·········· 55
12.1 监督工作报告 ·········· 55
12.2 监督档案管理 ·········· 55

13 监督(服务)机构及人员考核管理 ·········· 57
13.1 监督(服务)机构考核 ·········· 57
13.2 监督人员考核 ·········· 58
13.3 考核结果处理 ·········· 58

附录 ·········· 59
附录 A 铁路建设项目工程质量监督申报表 ·········· 60
附录 B 广东省铁路建设项目工程质量监督书 ·········· 63
附录 C 铁路建设项目工程质量监督计划 ·········· 64
附录 D 铁路建设项目工程质量廉政纪律告知书 ·········· 65
附录 E 铁路建设工程监管抽选结果表 ·········· 66
附录 F 铁路建设工程现场检查记录表 ·········· 67
附录 G 铁路建设工程质量安全问题整改通知单 ·········· 68
附录 H 铁路建设工程质量安全监督管理意见反馈表 ·········· 70
附录 I 铁路建设工程监督检查问题库 ·········· 71
附录 J 铁路建设工程监督检查工作情况小结 ·········· 74
附录 K 铁路建设工程监督工作报告 ·········· 75
附录 L 铁路建设工程涉嫌违法信息提报表 ·········· 77
附录 M 铁路建设项目工程质量监督检测工作方案 ·········· 78
附录 N 铁路工程建设投诉举报登记表 ·········· 79
附录 O 铁路工程建设投诉举报转办通知单 ·········· 80
附录 P 铁路工程建设投诉举报受理回执 ·········· 81
附录 Q 铁路工程建设投诉举报处理结果告知单 ·········· 82
附录 R 监督(服务)机构年度考核表 ·········· 83
附录 S 铁路建设工程监督人员年度考核表 ·········· 85
附录 T 铁路工程造价管理的自检报告 ·········· 86
附录 U 铁路工程造价管理台账 ·········· 87

1 总　则

1.0.1 为规范广东省铁路项目建设全链条监管工作，统一监管工作要求，规范工作流程，提升监管实效，依据法律法规、国家铁路监管部门相关规定，结合我省铁路建设实际和工作需要，制定本指南。

1.0.2 本指南用于指导广东省各级铁路建设行政主管部门及其按规定选定的铁路建设工程质量监督机构按职责开展铁路建设工程招标投标、勘察设计、工程造价、建设市场秩序、质量安全等全链条监督管理活动。项目建设单位及其上级管理单位、工程质量监督服务机构等单位开展的建设管理活动可参考本指南。

1.0.3 从事铁路建设工程监管工作的人员应遵守铁路建设相关法律法规，并符合相关岗位资格条件要求。

1.0.4 鼓励各级铁路建设行政主管部门及工程质量和造价等监督（服务）机构应用科技化和信息化手段，构建信息化管理体系，加强动态监管，不断提升监管水平，提升监管实效。

1.0.5 各级铁路建设行政主管部门或工程质量、造价等监督机构实施监督活动过程中，可按本指南附录A～附录U的格式制作统一的监督文书，并对监督文书进行统一编号。

1.0.6 受委托的工程质量和造价监督机构应每年向铁路建设行政主管部门汇报年度监督工作总结情况及下一年度工作计划。

2 术 语

2.0.1 工程质量监督机构

具有独立法人资格,由铁路建设行政主管部门按规定选定的实施工程质量监督的单位或具有工程质量监督管理职能的公益性事业单位。

2.0.2 工程质量监督服务机构

由项目建设单位或相关管理单位按规定选定的从事工程质量管理工作的技术支持单位或协助开展工程质量监管的第三方监督服务机构。

2.0.3 工程造价监督机构

铁路建设行政主管部门按规定选定的开展铁路工程造价监督管理工作的工程造价机构,或具备铁路工程造价监督、咨询能力的单位。

2.0.4 项目工程质量监督负责人

由铁路建设行政主管部门或工程质量监督机构委派,负责具体建设项目工程质量监督工作的管理者。

2.0.5 项目工程质量监督人员

由铁路建设行政主管部门或工程质量监督机构派出,且从事具体建设项目工程质量监督工作的人员。

2.0.6　监督检查

有监督检查权的部门或单位依法对铁路建设参建各方勘察设计、招投标、造价、工程质量、安全生产、市场秩序等建设管理行为开展的监管活动。

2.0.7　监督检测机构

受铁路建设行政主管部门或工程质量监督机构委托开展工程质量监督检测活动的单位。

2.0.8　监督检测见证人员

由铁路建设行政主管部门或其按规定选定的工程质量监督机构委派,对监督检测机构材料取样、检测、试验或实体检测过程进行监督活动的人员。

2.0.9　铁路工程建设投诉举报

自然人、法人或者其他组织通过书信、传真、来访、电话、电子邮件等方式,向铁路建设行政主管部门反映铁路工程建设中存在勘察设计、招标投标、工程质量、安全生产、造价管理、建设市场秩序等方面违法违规事项的行为。

2.0.10　铁路建设工程质量事故

在铁路建设工程项目建设过程中,由于勘察、设计或施工不当等原因造成工程质量不满足法律法规、工程建设强制性标准或设计要求,须返工、修复或补强,造成一定经济损失或不良社会影响的事件。

2.0.11　工程质量监督机构考核

铁路建设行政主管部门对工程质量监督机构的设置、监督人员配备、监督工作有关制度建设及执行、监督工作任务完成等方面的工作内容进行的考核。监督服务机构的考核工作由其委托方开展。

2.0.12　工程质量监督证

指工程质量监督人员经过铁路监管部门或省级铁路建设行政主管部门组织的上岗培训,并考核合格后取得的从事工程质量监督工作的从业凭证。工程质量监督证非行政执法证件,行政执法证件须按法律、行政法规等规定办理。

3 基本规定

3.1 一般规定

3.1.1 在国家铁路局和广州铁路监督管理局的行业指导下,各级铁路建设行政主管部门按职责负责铁路工程勘察设计、招标投标、工程造价、工程质量(含检测)、安全生产、建设市场秩序等监管工作;受理投诉举报并组织调查处理,按规定组织或参与事故调查及处理,依法查处违法违规行为;按规定通报、报告铁路建设工程的违法违规行为和相关监管信息。

3.1.2 铁路建设行政主管部门可通过政府采购服务等方式按规定选定工程质量监督机构、工程造价监督机构或具有专业技术能力的技术支撑单位,协助其开展铁路工程建设项目招标投标、勘察设计、工程造价、工程质量(含检测)、安全生产、建设市场秩序监督检查等事务性工作。

3.1.3 铁路建设工程监督检查应遵循依法、公开、公平、公正和诚实信用原则。

3.1.4 开展行政监督检查时,执法人员不得少于两人,并应当向当事人或者有关人员出示行政执法证件;工程质量监督人员开展现场监督工作时,应当有两名及以上持监督证人员参加;监督检查时应主动出示监督证。

3.1.5 监督检查的工作流程包含检查工作方案编制、检查准备、检查实施、问题反馈和处置、问题闭环管理、检查总结及信息报送等基本环节。

3.1.6 铁路建设行政主管部门或其按规定选定的机构或单位依法开展监督工作时,从业单位和有关人员应接受监督检查并予以配合,不得妨碍和阻挠监督工作的开展。

3.1.7 工程质量监督机构、工程造价监督机构等应建立健全监督工作制度,制定监督工作计划,规范监督工作行为,严格按照铁路建设工程有关法律法规开展监督工作。

3.1.8 监督检测机构受铁路建设行政主管部门或工程质量监督机构委托开展工程质量监督检测活动。

3.1.9 监督工作期间,监督检查组应主动接受相关单位的监督。

3.1.10 监督人员在监督管理工作中玩忽职守、滥用职权、徇私舞弊,构成犯罪的,按照有关法律规定依法追究刑事责任;尚不构成犯罪的,依法给予行政处分。

3.1.11 对监督工作中发现的违法行为,按照国家有关法律、法规进行处罚。对处罚权限不属于铁路建设行政主管部门的,铁路建设行政主管部门应收集固化证据,移送有关部门处理。

3.2 工程质量监督机构及人员要求

3.2.1 工程质量监督机构及监督人员基本条件必须符合铁路建设行政主管部门要求。

3.2.2 根据《国家铁路局关于修订〈铁路建设工程质量安全监督机构和人员考核管理办法〉的通知》(国铁工程监〔2021〕38号)及相关要求,工程质量监督机构必须具备以下条件:

1 具有独立法人资格,机构设置齐全,有固定的工作场所,满足开展工程质量监督检查工作所需的条件。

2 与监督范围内的铁路建设责任主体没有行政隶属、经济利益或其他利害关系。

3 有固定的工作场所和满足工程质量监督检查工作所需的交通工具、仪器、设备、工具等。

4 组织机构设置和人员配备合理,监督人员资格、能力和数量满足监督工作需要;人员专业构成与铁路工程相适应,铁路工程主要专业人员数量应满足开展监督工作需要。

5 监督人员与被监督对象存在可能影响监督工作公正性的经济或其他利益关系(如参股、联营等),应当自行回避,并按规定进行报告。

6 工程质量监督机构应建立健全如下工作制度:监督手续办理制度、监督项目联系人制度、监督检测制度、现场监督对象抽取办法、监督档案管理制度、工程质量安全投诉举报制度、质量安全事故报送制度、监督信息报送制度、监督人员考核管理制度、竣工验收监督制度。结合实际工作需要可增列其他相关制度:岗位责任制、学习培训制度、工程质量事故处理制度、经费使用管理制度、廉政工作制度、日常考勤制度、监督工作纪律及有关规定等。

3.2.3 根据《国家铁路局关于修订〈铁路建设工程质量安全监督机构和人员考核管理办法〉的通知》(国铁工程监〔2021〕38号)及相关要求,工程质量监督机构监督人员必须为正式职工或合同制员工,并具备以下条件:

1 具备铁路工程监督基本知识,熟悉国家有关工程建设的法律、法规和强制性标准。

2 具有与铁路建设相关或土木工程类中级及以上专业技术职称或同等专业水平,且从事铁路建设工程相关工作2年以上。

3 遵纪守法、品行良好、身体健康。

4 经过国家铁路局、地区铁路监督管理局或铁路建设行政主管部门组织的上岗培训并考核合格。

5 法律、法规和规章规定的其他条件。

3.2.4 工程质量监督机构应针对具体监督项目成立监督工作小组,明确项目监督负责人,并由项目监督负责人负责本项目具体监督对接工作,督促和协助办理监督手续相关事宜,组织参加首次监督工作会议,依法合规开展监督工作。

3.2.5 工程质量监督机构应及时将铁路建设行政主管部门名称、地址、负责人、电话、监督期限、内容、要求和工程质量监督机构信息等事项书面告知监督项目的建设单位。

3.2.6 工程质量监督机构按照职责开展或协助开展如下工作:

1 受理铁路建设工程质量监督手续。

2 依照国家有关法律、法规和工程建设强制性技术标准,对建设工程的地基基础、主体结构及相关材料、构配件、混凝土的质量进行检查。

3 对与被检查实体质量有关的工程建设参与各方主体的质量行为及工程质量文件进

行检查,发现有影响工程质量的问题时,有权采取局部暂停施工等强制性措施,直到问题得到改正。

  4 对建设单位组织的竣工验收程序等实施监督,查看其验收程序是否合法、资料是否齐全、实体质量是否存有缺陷。

  5 工程竣工后,工程质量监督机构应及时编制项目工程质量监督报告。

  6 对需要实施行政处罚的,按规定提报。

  7 可直接受理、调查委托范围内投诉举报。

  8 按照要求参与或组织工程质量事故调查、质量安全问题调研等工作。

  9 参加铁路建设行政主管部门组织召开的监管工作会议。

  10 开展监督检查、投诉举报调查、质量事故初步调查及相关调研具体工作之前,应制定工作方案并组织实施。

3.3 工程质量监督服务机构及人员要求

  3.3.1 工程质量监督服务机构可由县级以上铁路建设行政主管部门、建设单位或其上级管理单位通过购买技术服务的方式,为铁路建设工程质量安全监督工作提供技术支持。

  3.3.2 县级以上铁路建设行政主管部门、建设单位或其上级管理单位对工程质量监督服务机构及人员条件的要求,可参照本指南第3.2.2条和第3.2.3条执行。

  3.3.3 工程质量监督服务机构应按照县级以上铁路建设行政主管部门、建设单位或其上级管理单位要求,履行监督服务职责,可配合工程质量监督机构共同开展监督事务性工作。

3.4 监督检测机构及人员要求

  3.4.1 铁路建设行政主管部门或工程质量监督机构应对监督项目进行监督检测。工程质量监督机构不具备监督检测条件或能力时,可委托有资质的检测单位进行监督检测。

  3.4.2 监督检测机构应满足如下要求:

  1 有独立法人资格。

  2 具有省级及以上市场监督管理部门颁发的、处于有效期内的、符合所检测项目要求的 CMA 计量认证证书。

3 与被检测范围内的铁路建设责任主体没有行政隶属、经济利益或其他利害关系。

4 有开展检测工作所需的仪器、设备和工作场所。其中,使用属于强制检定或校准的计量器具,必须经过检定或校准合格后,方可使用。

5 建立健全工作制度和管理制度。

6 机构设置和人员配备合理,检测人员资格、能力和数量满足检测工作需要。

3.4.3 监督检测机构派出的监督检测人员原则上应满足如下要求,具体可视项目实际情况调整:

1 监督检测项目负责人应具有专业检测证书,高级工程师或以上技术职称,10 年以上工程检测工作经验,具有类似工程检测业绩,无不良行为记录。

2 试验检测工程师应具有工程师或以上技术职称,5 年以上工程检测工作经验。

3 试验检测员应具有初级或以上技术职称,3 年以上工程检测工作经验。

4 检测人员不得同时受聘于两个或两个以上的检测机构。

3.4.4 监督检测机构基本职责如下:

1 建立严密、完善、运行有效的质量保证体系。

2 建立健全档案制度,保证档案齐备,原始记录、检测报告内容应清晰、完整、规范,应当单独建立检测结果不合格项目台账。

3 客观、公正地开展试验检测工作,不受任何干扰和影响,对检测数据和检测报告的真实性和准确性负责。

4 按照有关规定对仪器设备进行正常维护、定期检定与校准。

5 独立完成现场取样、包装、运送、检测、出具报告等检测业务。

6 对试验检测成果及各种测试数据保密。未经委托方同意,不得擅自将检测数据和试验结果泄露给第三方。

3.5 工程造价监督机构及人员要求

3.5.1 工程造价监督机构应满足如下要求:

1 有独立法人资格。

2 与被监督的项目的建设责任主体单位没有行政隶属、经济利益或其他利害关系。

3 有符合国家、行业规定要求的资质,配备相应数量的造价专业技术人员。

4 工程造价咨询业务编审质量控制、技术档案、财务管理等制度健全。

3.5.2 工程造价监督机构人员应满足如下要求：

1 项目监督(咨询)负责人应具备国家规定的造价工程师执业资格,高级工程师或以上技术职称,10年以上造价管理(咨询)工作经验。

2 其他造价监督(咨询)人员应具有与铁路建设相关或土木工程类中级及以上专业技术职称或同等专业水平,且从事铁路工程造价相关工作2年以上。

3.6 监管工作方式方法

3.6.1 铁路建设工程监管工作的监管方式主要包括监督检查、投诉举报处理、行政处罚、监管约谈、信用记录及公告等。

3.6.2 监督检查主要包括招标投标、勘察设计、工程造价、建设市场秩序以及质量安全等方面的检查。

3.6.3 监督检查环节、检查内容和方法、检查依据、常见问题或情形、定性以及处理可参照《铁路建设工程监督检查实务手册》实施。

3.6.4 铁路建设工程监督检查形式包括综合检查、专项检查和日常检查等,检查方式以抽查为主。

3.6.5 铁路建设工程监督检查应由铁路建设行政主管部门统筹安排,协调相关监管单位或部门,宜采用协同监管、联合检查、综合检查等方式,形成监管合力。

3.6.6 铁路建设行政主管部门应结合项目特点、工程实际和参建单位信用等级,优化监管资源配置,科学分类,合理确定抽查比例、频次和参与部门等,实施差异化动态监管。对发生较大及以上事故、存在严重违法违规行为、造成严重社会影响以及投诉举报问题较多的单位,在一定时期内对其加大监督检查力度。

3.6.7 铁路建设行政主管部门应将查实的违法违规行为,及时纳入不良行为记录,可参照国家、省相关规定予以公告。

招标投标监督管理

4.1 一般规定

4.1.1 依据《中华人民共和国招标投标法》《中华人民共和国招标投标法实施条例》《铁路工程建设项目招标投标管理办法》《铁路建设工程招标投标监管暂行办法》《广东省实施〈中华人民共和国招标投标法〉办法》《国家发展改革委等部门关于严格执行招标投标法规制度进一步规范招标投标主体行为的若干意见》等法律法规、规章和要求开展铁路工程招标投标监督管理工作。

4.1.2 本指南所称招标投标监督管理,是指由铁路建设行政主管部门按职责对铁路工程建设相关招标投标活动实施监督与管理,制定相关监督管理制度、政策措施,查处招标投标活动中的违法违规行为,在招标投标活动中依法实施信用联合惩戒等。

4.1.3 工程建设项目招标投标活动的监管对象主要包括招标人、招标代理机构、投标人及其工作人员以及评标专家等(以下简称"招标投标活动当事人")。

4.1.4 铁路工程建设项目招标投标监督管理方式主要包括在线监督、信息公开、监督检查、投诉处理、记录公告、信用监管等。

4.1.5 铁路建设行政主管部门可以通过公共资源交易平台电子监管系统对铁路工程建设项目招标投标活动进行全过程在线监督。对于交易系统运营机构报告的异常情况或问题,铁路建设行政主管部门应当及时处理。

4.1.6 招标投标监督管理人员应严格履行监管职责,不得非法干涉招标投标活动,对监督工作中知悉的招标投标信息和投诉信息等应依法予以保密。

4.1.7 铁路工程建设项目招标投标活动过程中产生的信息,除按照规定需要保密的以外,招标人或者其委托的招标代理机构应当按照国家、省有关规定公开。

4.1.8 铁路建设行政主管部门应加强对招标人、投标人、招标代理机构及其从业人员、评标评审专家等当事人的信用监管,对失信主体参与招标投标活动依法予以限制,对严重失信主体参与招标投标活动依法实施市场禁入。

4.2 监管内容

4.2.1 铁路建设行政主管部门对工程建设项目招标投标活动的监管内容主要包括招标方式、招标范围、招标组织形式的审批(核准)、资格预审公告或招标公告的发布、资格预审、开标、评标、中标候选人公示、中标结果公示和合同签订等。

4.2.2 关于招标程序的监督管理主要包括以下内容:
 1 招标人委托招标代理机构进行招标的,是否与被委托的招标代理机构签订书面委托合同。
 2 招标人授权项目管理机构进行招标或者由项目代建人承担招标工作的,招标人或者代建项目的委托人是否出具包括委托授权招标范围、招标工作权限等内容的委托授权书。
 3 依法经项目审批、核准部门确定的招标方式、招标范围、招标组织形式,是否未经批准随意变更;是否存在规避招标或未经审批进行邀请招标。
 4 依法必须进行招标的铁路工程建设项目的资格预审公告或者招标公告载明内容、发布方式及媒介是否符合国家及省有关规定。
 5 招标时是否已具备规定的条件。
 6 是否按规定将资格预审评审结果、招标文件和评标报告备案。
 7 资审文件或招标文件出售的时间是否符合规定。
 8 对资审文件或招标文件进行澄清或修改的时间是否符合规定。

9 提交资审申请文件或投标文件的时间是否符合规定。

10 开标时间、地点等是否符合规定。递交投标文件的投标人少于3个的标段或者包件,招标人不得开标,应当将相应标段或者包件的投标文件当场退还给投标人,并依法重新组织招标。

11 评标时间是否合理。

12 中标候选人公示时间是否符合规定。

13 签订合同时间是否符合规定。

4.2.3 关于资格预审文件和招标文件编制的监督检查主要包括以下内容:

1 是否按规定执行标准招标文件。

2 招标人是否在招标文件或者资格预审文件中集中载明评标办法、评审标准和否决情形,否决情形是否以醒目方式标注,是否详细列明全部审查因素和标准,废标条款是否明确。

3 招标人是否以不合理的条件限制或者排斥潜在投标人,是否对潜在投标人实行歧视待遇。是否存在以下以不合理的条件限制或者排斥潜在投标人的行为:

1) 对符合国家关于铁路建设市场开放规定的设计、施工、监理企业,不接受其参加有关招标项目的投标。

2) 设定的企业资质、个人执业资格条件违反国家有关规定,或者与招标项目实际内容无关。

3) 招标文件或者资格预审文件中设定的投标人资格要求高于招标公告载明的投标人资格要求。

4) 对企业或者项目负责人的业绩指标要求,超出招标项目对应的工程实际需要。

4 招标文件(含资格审查文件)的内容是否符合国家及省有关规定。重点检查招标文件中资质、人员、业绩等条件要求是否符合项目具体特点和满足实际需要,评标办法中分值设置以及加分条件、中标条件设置等是否符合有关规定,保证金的设置是否符合国家和省相关规定。

4.2.4 关于评标、定标阶段的监督检查主要包括以下内容:

1 招标人或其委托的招标代理机构或评标委员会等是否对潜在投标人(或者投标人)存在违法犯罪及信用记录进行审查。

2 评标专家组成和抽取、评标委员会的确定和更换等是否符合国家及省有关规定。依法必须进行招标的铁路工程建设项目的评标委员会中,除招标人代表外,招标人及与该工程建设项目有监督管理关系的人员不得以技术、经济专家身份等名义参加评审。

3 招标人是否向评标委员会提供评标所必需的信息和材料,是否存在明示或者暗示其倾向或者排斥特定投标人的情形。

4 评标程序是否符合国家及省有关规定。

5 评标方法、标准是否与招标文件一致。

6 评委评审意见是否客观、翔实、公正;评标委员会是否按照招标文件规定的评标标准和方法进行评标;是否存在客观评审因素评分不一致,或者评分畸高、畸低现象;评标委员会经评审,否决投标的,是否在评标报告中列明否决投标人的原因及依据。

7 评标委员会提交的评标报告,推荐的中标候选人及其排序是否符合有关规定。

8 定标结果是否符合国家及省有关规定和招标文件的要求;是否在评标委员会推荐的中标候选人以外确定中标人。

9 异议处理是否符合国家及省有关规定。

10 是否在规定时间内,按照招标文件和中标人的投标文件订立书面合同。

11 合同订立信息(合同价款、签订时间、合同期限等)是否按规定公开。

4.2.5 关于招标投标其他方面的监督检查主要包括以下内容:

1 投标人是否存在相互串通投标行为。

2 招标人或其委托的招标代理机构是否与投标人串通投标。

3 投标人是否存在以他人名义投标或以其他方式弄虚作假的行为。

4 招标人是否不按规定擅自组织原评标委员会或者另行组建评标委员会审查确认。

5 是否对招投标过程中的投诉及反映的问题进行及时有效处理。

6 是否有违反招投标相关法规的其他内容。

4.3 问题反馈和处理

4.3.1 铁路工程建设招标投标监督检查问题反馈参照本指南第8.6.2条和第8.6.3条执行。

4.3.2 铁路建设行政主管部门对招标人、招标代理机构、投标人以及评标委员会成员等的违法违规行为,依法予以制止和纠正;对不符合招标条件招标、串通投标、弄虚作假骗取中标以及其他违反招标投标法律法规等行为进行查处。

4.3.3 铁路工程建设项目招标投标行政监管部门自作出违法违规处理决定之日起,应按有关规定及时予以公开。

4.3.4 相关单位有下列情形之一的,按照《中华人民共和国招标投标法》相关规定予以处罚:

1 必须进行招标的项目而不招标的,将必须进行招标的项目化整为零或者以其他任何方式规避招标的。

2 招标代理机构泄露应当保密的与招标投标活动有关的情况和资料的,或者与招标人、投标人串通损害国家利益、社会公共利益或者他人合法权益的。

3 招标人以不合理的条件限制或者排斥潜在投标人的,对潜在投标人实行歧视待遇的,强制要求投标人组成联合体共同投标的,或者限制投标人之间竞争的。

4 投标人相互串通投标或者与招标人串通投标的,投标人以向招标人或者评标委员会成员行贿的手段谋取中标的。

5 投标人以他人名义投标或者以其他方式弄虚作假,骗取中标的,中标无效,给招标人造成损失的。

6 招标人与投标人就投标价格、投标方案等实质性内容进行谈判的。

7 评标委员会成员收受投标人的财物或者其他好处的,评标委员会成员或者参加评标的有关工作人员向他人透露对投标文件的评审和比较、中标候选人的推荐以及与评标有关的其他情况的。

8 中标人将中标项目转让给他人的,将中标项目肢解后分别转让给他人的,将中标项目的部分主体、关键性工作分包给他人的,或者分包人再次分包的。

9 招标人与中标人不按照招标文件和中标人的投标文件订立合同的,或者招标人、中标人订立背离合同实质性内容的协议的。

10 对招标投标活动依法负有行政监督职责的国家机关工作人员徇私舞弊、滥用职权或者玩忽职守,构成犯罪的。

4.3.5 对铁路建设工程招标投标违法违规行为,依照《中华人民共和国行政处罚法》规定的程序,相关法律、法规、规章规定的处罚标准,以及国家铁路局有关行政处罚实施办法给予以下行政处罚:警告;责令改正;罚款;没收非法所得;取消一定时期参加铁路建设项目投标、评标资格。

4.3.6 对需要暂停或取消招标代理资格、取消招标执业资格、吊销营业执照、责令停业整顿、给予行政处分、依法追究刑事责任的,由有关行政主管部门或司法机关处理。

勘察设计监督管理

5.1 一般规定

5.1.1 依据《中华人民共和国建筑法》《建设工程质量管理条例》《建设工程勘察设计管理条例》《建设工程勘察设计管理办法》《铁路建设工程勘察设计管理办法》《建设工程勘察质量管理办法》《铁路建设项目预可行性研究、可行性研究和设计文件编制办法》等相关法律、法规、勘察设计标准和规定开展铁路工程勘察设计监督管理工作。

5.1.2 本指南所称勘察设计监督管理,是指铁路建设行政主管部门按职责分工对铁路工程勘察、设计文件质量和勘察设计全过程质量行为等进行的监督管理活动。

5.1.3 铁路工程勘察设计监督检查对象主要包括建设单位、勘察单位、设计单位、地勘监理单位、施工图审核单位及其工作人员。

5.1.4 勘察设计监督检查可通过随机抽查、关键阶段审查(初步设计、施工图设计、变更设计)等方式开展工程勘察、设计质量检查和程序检查。

5.1.5 开展铁路工程勘察设计监督检查时,铁路建设行政主管部门可查阅勘察、设计任务相关的文件、报告、原始资料等,召集当事人调查了解相关情况。

5.1.6 鼓励采用信息化手段开展工程勘察、设计远程监督,线上线下监督相结合,探索用好网络、视频监控等手段,提升监管的信息化水平。

5.2 监督检查工作流程及监管内容

5.2.1 铁路工程勘察监督检查工作流程见图5.2.1。

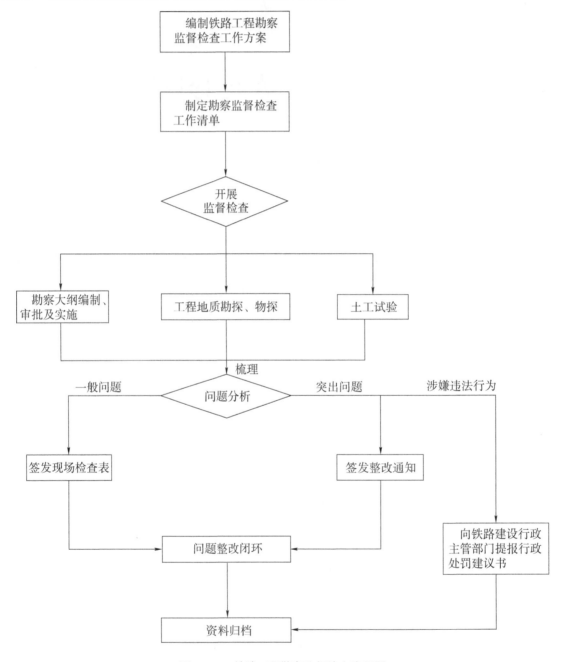

图5.2.1 铁路工程勘察监督检查流程图

5.2.2 铁路工程设计监督检查工作流程见图5.2.2。

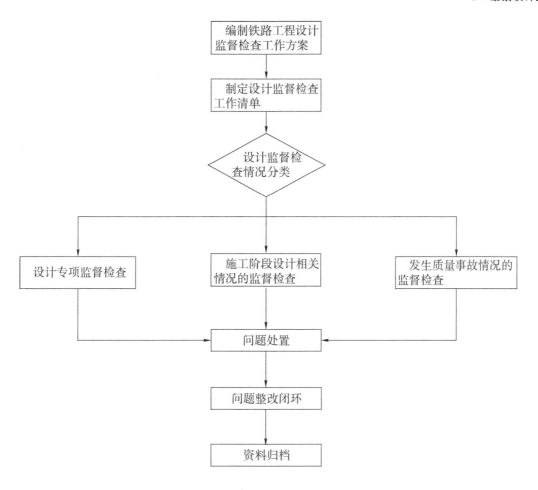

图 5.2.2 铁路工程设计监督检查流程图

5.2.3 勘察设计监管重点内容包括勘察设计市场秩序管理、勘察设计程序、勘察设计发包与承包、工程地质勘察、设计文件编制、设计文件审查(核)、设计文件实施等。

5.2.4 勘察设计市场秩序管理、勘察设计程序、勘察设计发包与承包监督管理参照本指南第 4 章、第 7 章。

5.2.5 工程地质勘察是设计工作的依据,应重点检查以下内容:
1 勘察大纲的编制和审批情况。
2 铁路勘察监理(咨询)制度的实行和监理履职情况。
3 勘察成果文件的编制和审查情况。
4 勘察成果文件的质量(深度、完整性、真实性和准确性)。
5 勘察实施过程的质量行为。

5.2.6 设计文件编制包括初步设计文件(含修编文件)、施工图设计文件等。

5.2.7 初步设计文件是对项目工可方案的进一步深化,关系项目最终设计成果,应重点检查以下内容:

 1 设计文件的编制依据。
 2 可行性研究审查意见的执行情况。
 3 勘察成果的运用情况。
 4 工程建设强制性标准的执行情况。
 5 设计文件组成与设计深度。
 6 施工组织设计、设计方案和工程措施的合理性。
 7 环评、水保、压矿、地震安全性、防洪评价、通航论证等批复要求的执行情况等。

5.2.8 施工图文件是工程实施和验收的依据,应重点检查以下内容:

 1 设计文件的编制依据。
 2 初步设计、施工图等审查意见的执行情况。
 3 勘察成果的运用情况。
 4 工程建设强制性标准的执行情况。
 5 设计文件组成与设计深度。
 6 施工注意事项的说明、施工安全风险的防范措施、运营维护注意事项的说明等。

5.2.9 设计文件审查环节监管工作重点检查以下内容:

 1 建设(代建)单位是否按规定组织对设计文件进行审查。
 2 是否存在审查不合格但擅自交付使用的情形。
 3 是否存在委托不具备相应资质或能力的审查机构进行施工图设计文件审查的情形。
 4 审查机构是否转让施工图设计文件审查业务。
 5 是否聘用不符合条件的审查人员从事审查工作、是否按规定进行审查、是否在审查合格的施工图设计文件上盖章、施工图设计文件修改后是否按规定对修改内容进行审查等。

5.2.10 设计文件实施环节监管工作重点检查以下内容:

 1 现场配合机构的设置和人员配备是否符合合同约定并满足项目需要。

2 设计技术交底是铁路工程建设的重要程序,在建设单位的组织下,根据审核合格的施工图,就设计内容、设计意图和施工注意事项向施工、监理单位进行说明,解答施工、监理等单位提出的问题,主要分为首次交底、专项交底、新技术交底和Ⅰ类变更设计交底。应重点检查交底内容是否全面、正确和说明设计意图。

1) 设计说明:设计依据、设计原则、设计文件组成及内容、设计范围及内容(包括工点、临时设施、用地、排水系统、测量控制网等)、主要技术标准和质量标准、工程条件(地质、水文、气候、交通及有关建设协议等)、设计采用的主要技术规程规范及新技术工程、工程数量、工程造价等。

2) 主要施工方案和施工注意事项:重点工程以及采用新技术、新工艺、新材料的工程施工方法、检测要求和施工注意事项,技术复杂的结构工程采取的施工安全措施,对影响施工及行车安全、干扰运营所采取的措施等。

3) 文件中尚未说明的问题:施工图文件完成时尚未明确及需要建设、施工单位和地方进一步协调配合解决落实的问题。

3 需勘察设计单位澄清、解答和处理的问题,勘察设计单位是否按规定及时澄清、解答和处理。

4 是否开展现场核对、巡查和设计回访等工作。

5.3 问题反馈与处理

5.3.1 铁路工程勘察设计监督检查问题反馈参照本指南第8.6.2条和第8.6.3条执行。

5.3.2 勘察设计单位有下列行为之一的,按照《建设工程质量管理条例》规定,责令改正,处10万元以上30万元以下的罚款;造成工程质量事故的,责令停业整顿,降低资质等级;情节严重的,吊销资质证书;造成损失的,依法承担赔偿责任:

1 勘察单位未按照工程建设强制性标准进行勘察的。
2 设计单位未根据勘察成果文件进行工程设计的。
3 设计单位指定建筑材料、建筑构配件的生产厂、供应商的。
4 设计单位未按照工程建设强制性标准进行设计的。

5.3.3 审查机构存在下列行为之一的,按照《国家铁路局关于印发〈铁路建设工程施工图设计文件审查管理办法〉的通知》(国铁工程监规〔2020〕51号)的规定,责令改正,视情节轻重给予通报、约谈等处理;符合铁路工程建设失信行为认定情形的,按规定记录失信行为;符合行政处罚规定的,予以处罚;构成犯罪的,移交司法机关处理:

  1 转让施工图设计文件审查业务的。

  2 聘用不符合条件的审查人员从事审查工作的。

  3 未在审查合格的施工图设计文件上盖章的。

  4 未按规定进行审查的。

  5 其他违法违规行为。

5.3.4 建设单位存在下列行为之一的,按照《国家铁路局关于印发〈铁路建设工程施工图设计文件审查管理办法〉的通知》(国铁工程监规〔2020〕51号)规定,责令改正,视情节轻重给予通报、约谈等处理;符合铁路工程建设失信行为认定情形的,按规定记录失信行为;符合行政处罚规定的,予以处罚;构成犯罪的,移交司法机关处理:

  1 未按规定组织对施工图设计文件进行审查或审查不合格,擅自交付使用的。

  2 委托不具备相应资质或能力的审查机构进行施工图设计文件审查的。

  3 未按规定进行备案的。

  4 其他违法违规行为。

6 工程造价监督管理

6.1 一般规定

6.1.1 依据《政府投资条例》《铁路工程造价标准管理办法》《铁路基本建设项目投资控制管理办法》《广东省交通运输厅关于铁路工程造价管理的办法》等有关规定开展铁路工程造价监督管理工作。

6.1.2 本指南所称铁路工程造价监督管理，是指铁路建设行政主管部门对铁路工程建设项目全过程费用确定与控制、造价台账维护、验工计价等工程造价工作进行监督检查的管理活动。

6.1.3 铁路建设行政主管部门按职责开展铁路工程初步设计至竣工验收阶段的造价监督管理工作，工程造价监督机构按职责承担铁路工程造价监督的事务性工作。

6.1.4 铁路建设行政主管部门应建立健全工程造价活动检查和相关评价制度、标准，有序组织开展造价监督检查工作。

6.1.5 铁路建设行政主管部门或工程造价监督机构应制定造价监督检查年度计划，并按计划组织开展相关工作。

6.2 监管内容

6.2.1 铁路建设行政主管部门或者其他有关机构应按有关法律、法规和规章的规定,加强项目勘察设计、工程实施、竣工验收等阶段的工程造价监督管理。

6.2.2 铁路工程造价监管的主要内容有:

1 参建单位对铁路工程造价管理法律法规、制度文件以及铁路工程造价标准的执行情况。

2 各阶段造价文件编制、审批(查)、备案以及对相关意见的落实情况。

3 建设单位对项目造价全过程管理与控制、造价台账和验工计价管理、费用支付制度的建立与执行等情况。

4 工程变更总体情况,设计变更原因及费用变化情况。

5 建设单位对项目造价信息的收集、分析及报送情况。

6 从事项目造价活动的单位和个人履约情况、配合造价机构审查工作情况。

7 造价从业人员履职履责情况。

8 其他相关事项。

6.2.3 勘察设计阶段造价的监管工作应重点检查以下内容:

1 初步设计概算、施工图预算等造价文件的编制、审查、审批或者核准以及对有关意见的落实情况。

2 初步设计概算控制情况;超投资估算10%的建设项目向相关部门报告、办理调整规模手续的情况。

3 施工图预算控制情况;设计变更报批情况。

4 价格水平合理性、均衡性情况。

5 设计阶段设计方案与造价文件的匹配性。

6.2.4 实施阶段造价监管工作应重点检查以下内容:

1 项目建设是否执行相关批复文件。

2 招投标情况、合同执行情况、工程造价台账建立情况、变更管理情况、投资进度执行情况、批复概算执行情况、造价从业人员持证及工程材料价格信息管理情况等,参考本指南附录T。

3 造价台账资料管理情况。包括造价台账汇总表、合同支付台账表和工程变更台账汇总表、造价从业人员汇总表等，相关单位可参照本指南附录 U 编制。

4 与工程造价相关的其他资料。

6.2.5 竣工验收阶段造价监管工作应重点检查以下内容：

1 工程结算工作推进情况，是否严重滞后。

2 工程价款结算是否准确，是否按照合同约定和国家有关规定进行，是否存在多算、重复计算工程量和高估冒算现象。

3 待摊费用支出及其分摊是否合理、正确。

4 项目是否按照批准的概（预）算内容实施，费用是否控制在批复（调整）概算投资范围内，有无超标准、超规模、超概（预）算建设现象。

5 项目资金是否全部到位，核算是否规范，资金使用是否合理，是否存在挤占、挪用现象。

6 项目形成资产是否全面反映，计价是否准确，资产接收单位是否落实。

7 项目在建设过程中历次检查和审计所提的重大问题是否已经整改落实。

8 竣工财务决算报表资料是否完整，所填列的数据是否完整，表间勾稽关系是否清晰、正确，数据间是否存在错误。

9 尾工工程及预留费用是否控制在概算确定的范围内，预留的金额和比例是否合理。

10 决算的内容和格式是否符合国家有关规定。

6.3 问题反馈和处理

6.3.1 铁路工程造价监督检查问题反馈参照本指南第 8.6.2 条和第 8.6.3 条执行。

6.3.2 监督检查有关情况、造价文件编制质量综合评价等作为铁路建设市场信用评价的采信依据。

建设市场秩序监督管理

7.1 一般规定

7.1.1 依据《中华人民共和国建筑法》《中华人民共和国招标投标法》《保障农民工工资支付条例》《建筑业企业资质标准》《建筑业企业资质管理规定和资质标准实施意见》《国务院关于促进市场公平竞争维护市场正常秩序的若干意见》《国务院办公厅关于创新投资管理方式建立协同监管机制的若干意见》和《铁路工程建设市场秩序监管暂行办法》等法律法规和有关要求开展铁路工程建设市场秩序监督管理工作。

7.1.2 铁路工程建设市场秩序监督管理遵循公平公正、科学规范、廉洁高效的原则。

7.1.3 铁路工程建设市场秩序监管对象主要包括建设、勘察、设计、施工、监理、工程咨询、造价咨询、检测(鉴定)和建筑材料、设备、构配件供应等从业单位及有关人员。

7.1.4 铁路建设行政主管部门按权限负责铁路工程建设市场秩序监督管理工作,联系相关行业监管部门,按规定通报、报告铁路建设市场秩序方面的违法违规行为和相关监管信息。

7.2 监管内容

7.2.1 铁路建设行政主管部门对铁路工程建设市场秩序的监管内容主要包括市场准入

管理、建设程序执行、招标投标管理、发包承包管理、合同履约管理、建设资金管理和保障农民工工资支付管理。招标投标管理方面的规定见本指南第4章。

7.2.2 从业单位市场准入监督检查主要内容有：
1 企业是否取得资质证书且在有效期内。
2 承接业务是否在资质允许范围之内。

7.2.3 从业人员市场准入监督检查主要内容有：
1 是否持有相应执业资格证书且有效。
2 所从事的工作是否在规定允许范围内。

7.2.4 建设程序执行情况监督检查主要内容有：
1 项目审批手续。
2 施工图设计文件审查（审核）以及设计变更手续。
3 工程质量监督手续。
4 开工手续（包括人员、设备进场验收）。
5 合同变更手续。
6 检验批、分部、分项工程、单位工程、竣工验收等手续。
7 法定的其他工程建设程序性手续。

7.2.5 铁路工程以及与工程有关的物资材料设备、服务发包监督检查主要内容有：
1 发包条件是否具备,包括发包人法人资格、项目审批手续的取得等。
2 发包程序是否符合规定。
3 依法必须招标的工程建设项目是否使用了规定的标准招标文本。
4 是否存在另行签订背离原发包文件实质性内容的协议,或依法招标项目签订的合同主要条款与招标、投标文件不一致。
5 是否存在指定分包、肢解分包等其他违法发包行为。

7.2.6 铁路工程以及与工程有关的物资材料设备、服务承包监督检查主要内容有：
1 承包人是否具有独立法人资格。
2 是否存在转包、违法分包行为。
3 是否存在借用或挂靠资质行为。

4 其他违法承包行为。

铁路工程施工违法发包、转包、违法分包及挂靠等行为的认定标准按国家有关规定执行。

7.2.7 合同履约监督检查主要内容有：

1 是否擅自调整工期。

2 人员、设备等是否执行招投标文件要求及合同约定。

3 是否违规变更施工图设计。

4 是否违法变更合同主体。

5 是否违规设立工程保证金。

6 是否存在其他违法违规行为。

7.2.8 建设资金管理监督检查主要内容有：

1 建设单位资金筹措是否到位,包括资本金是否按约定到账、银行贷款额度是否充足。

2 保证金清理是否到位,有无超比例收取质保金,或以其他名义收取保证金。

3 建设单位对项目建设资金专账核算和管理情况,是否执行国家有关财务管理制度。

4 建设单位工程价款账户管理情况和拨付台账,是否按照合同约定及时拨付工程价款。

5 建设资金是否专款专用,是否存在滞留、挤占、归集、转移、挪用建设资金的情况。

6 工程计量金额是否真实、准确,审核流程是否完整。

7 财务人员资质是否符合招标条款约定,能否满足日常财务工作需要。

7.2.9 农民工工资支付管理监督检查主要内容有：

1 建设单位保障农民工工资支付协调机制和工资拖欠预防机制的建立和执行情况。

2 施工总承包单位或分包单位保障农民工工资支付规章制度的建立和执行情况。

3 施工总承包单位或分包单位劳动合同签订及实名制管理台账情况。

4 施工总承包单位劳资专管员配备、工资专用账户开设及工资保证金存储情况。

5 分包单位农民工工资支付表、考勤、发放凭证和工资支付台账情况,重点检查是否全员按合同约定足额发放。

6 《保障农民工工资支付条例》(国务院令第724号)规定的其他情形。

7.2.10 信用管理监督检查主要内容有：

1 信用管理台账是否建立、是否完善。

2 是否按规定及时采集、公示和上报项目有关信用信息。

3 是否如实上报铁路建设从业单位和从业人员基本信息、表彰奖励类良好行为信息、不良行为信息和信用评价信息。

4 项目建设单位是否按要求开展信用评价。

7.3 问题反馈和处理

7.3.1 铁路工程建设市场秩序监督检查问题反馈参照本指南第8.6.2条和第8.6.3条执行。

7.3.2 企业资质或市场准入条件不符合要求的，铁路建设行政主管部门应当责令限期整改；逾期未整改的，应当提请相关部门依法处理。

7.3.3 建设单位将建设工程发包给不具有相应资质等级的勘察、设计、施工单位或者委托给不具有相应资质等级的工程监理单位，按照《建设工程质量管理条例》规定，责令改正，处50万元以上100万元以下的罚款。

7.3.4 建设单位将建设工程肢解发包，按照《建设工程质量管理条例》规定，责令改正，处工程合同价款0.5%以上1%以下的罚款；对全部或者部分使用国有资金的项目，可以暂停项目执行或者暂停资金拨付。

7.3.5 勘察、设计、施工、工程监理单位超越本单位资质等级承揽工程，按照《建设工程质量管理条例》规定，责令停止违法行为，对勘察、设计单位或者工程监理单位处合同约定的勘察费、设计费或者监理酬金1倍以上2倍以下的罚款；对施工单位处工程合同价款2%以上4%以下的罚款，可以责令停业整顿，降低资质等级；情节严重的，吊销资质证书；有违法所得的，予以没收。

7.3.6 承包单位将承包的工程转包或者违法分包，按照《建设工程质量管理条例》规定，责令改正，没收违法所得，对勘察、设计单位处合同约定的勘察费、设计费25%以上50%以下的罚款；对施工单位处工程合同价款0.5%以上1%以下的罚款；可以责令停业整顿，降低资质等级;情节严重的,吊销资质证书。

工程监理单位转让工程监理业务的,责令改正,没收违法所得,处合同约定的监理酬金25%以上50%以下的罚款;可以责令停业整顿,降低资质等级;情节严重的,吊销资质证书。

7.3.7 铁路建设行政主管部门应将市场秩序督查检查发现的问题纳入从业单位年度信用评价。发现从业单位和从业人员失信行为符合《铁路工程建设失信行为认定记录公布管理办法》相关失信行为认定标准的,上报铁路行业监管部门进行失信惩戒。

8 质量安全监督管理

8.1 一般规定

8.1.1 依据《建设工程质量管理条例》《建设工程勘察设计管理条例》《铁路建设工程勘察设计管理办法》《铁路建设工程质量监督管理规定》等相关法律、法规和铁路工程勘察设计、质量验收等相关规范、标准开展铁路工程质量监督管理工作。

8.1.2 依据《中华人民共和国安全生产法》《建设工程安全生产管理条例》《铁路安全管理条例》《生产安全事故报告和调查处理条例》《广东省铁路安全管理条例》等法律、法规和规定,开展安全生产监管工作。

8.1.3 本指南所称铁路工程质量安全监督管理,是指铁路建设行政主管部门对铁路工程的建设、勘察设计、施工、监理、第三方检测等从业单位及人员执行工程质量和安全生产有关法律、法规、规章、制度和工程建设强制性标准进行监督检查的管理活动。具体事务性工作可由工程质量监督机构承担。

8.2 监督手续办理及首次监督会议

8.2.1 项目开工前,建设单位应按照《铁路建设工程质量监督管理规定》以及铁路建设行政主管部门有关规定办理工程质量监督手续。

8.2.2 工程质量监督手续按项目管理隶属关系和"谁审批、谁监管"原则办理。各级铁路建设行政主管部门负责其所审批铁路初步设计项目的工程质量监督手续办理。其中，地市铁路建设投资主体负责投资建设管理并由省铁路建设行政主管部门审批初步设计的项目，由地市铁路建设行政主管部门审核监督申报资料后，转报省铁路建设行政主管部门办理工程质量监督手续，并由省与相关地市铁路建设行政主管部门对其进行工程质量联合监督。

8.2.3 铁路建设行政主管部门办理监督手续的工作流程见图8.2.3。

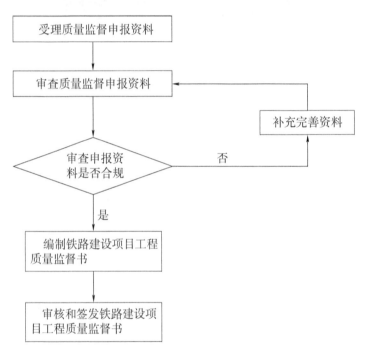

图8.2.3 监督手续办理流程图

8.2.4 铁路建设工程质量监督申报材料应包括如下内容：
   1 铁路建设项目工程质量监督申报表（格式见本指南附录A）。
   2 建设项目审批文件的复印件。
   3 指导性施工组织设计、项目质量保证体系及主要措施。
   4 勘察、设计、施工、监理等合同副本及资质证书复印件。
   5 施工图审核或审查报告。

8.2.5 铁路建设行政主管部门收到建设单位报送的文件和资料后，经审查符合规定的，及时办理工程质量监督手续，发出铁路建设项目工程质量监督书。对报送资料不符合规定需补充资料的,应要求建设单位及时补报。铁路建设项目工程质量监督书的格式见本指南附录 B。

8.2.6 在监督手续办理完成后,工程质量监督机构应根据项目特点、建设单位报送的有关资料以及铁路建设行政主管部门相关规定,编制铁路建设项目工程质量监督计划,明确监督人员、监督方式、检查内容、检查频率、工作要求、廉政纪律要求及投诉举报方式等。铁路建设项目工程质量监督计划应向铁路建设行政主管部门报备。

1 铁路建设项目工程质量监督计划可按本指南附录 C 的格式编制。
2 工程质量监督机构应及时报告项目相关信息并录入有关信息系统。

8.2.7 工程项目因故中止施工的,建设单位应当向铁路建设行政主管部门申请办理中止质量监督手续,并提交中止施工的时间、原因、在施部位及安全保障措施等资料。铁路建设行政主管部门收到建设单位提交的资料后,经查验符合中止要求的,应当在规定时间内向建设单位发放中止质量监督告知书。工程质量监督机构对工程项目中止施工期间不实施工程质量监督。

8.2.8 中止施工的工程项目恢复施工,建设单位应当向铁路建设行政主管部门申请办理恢复质量监督的手续,并提交经建设、监理、施工单位项目负责人签字并加盖单位公章的复工条件验收报告。铁路建设行政主管部门经查验符合复工条件的,应当在规定时间内向建设单位发放恢复施工质量监督告知书,工程质量监督机构恢复对工程项目的质量监督。

8.2.9 项目质量监督手续办结且工程开工后,铁路建设行政主管部门应及时组织建设、勘察、设计、施工、监理、第三方检测等参建单位召开首次监督会议,明确质量监督要求、宣读质量监督计划和廉政纪律要求,相关方签认铁路建设项目工程质量监督廉政纪律告知书(可按本指南附录 D 的格式填写)。

8.2.10 首次监督会议应形成会议纪要并及时印发相关单位。

8.3 监督检查工作计划及方案

8.3.1 工程质量监督机构应结合项目质量监督工作实际和铁路建设行政主管部门要求编制年度监督工作计划,并报铁路建设行政主管部门备案。

8.3.2 工程质量监督机构依据年度监督工作计划开展项目监督工作。开展具体项目的工程质量监督工作前,应编制工程质量监督检查工作方案,方案应包含检查目的、检查组组成、检查范围及内容、检查日程安排和廉政纪律要求等内容。

8.3.3 监督检查工作方案的编制应具有针对性,可综合考虑近期铁路等建设工程质量安全形势,交通运输部、国家铁路监管部门、应急管理部门、铁路建设行政主管部门相关文件,以及关键工程、关键环节、重点时节、监理月报反馈和问题整改落实情况等因素。

8.4 监督检查前准备

8.4.1 实施监督检查前,工程质量监督机构应收集受检项目工程量清单,查阅监理月报,了解项目工程进展和质量安全管理情况。

8.4.2 监督检查前应做好策划工作,可参考《铁路建设工程监督检查实务手册》有关内容选取检查项点,明确检查实施清单和任务分工。

8.4.3 项目工程质量监督负责人(或检查组组长、或检查组带队人员)应对监督人员进行技术交底,交底内容包括但不限于检查方案、检查重点及项点、检查方式方法、检查要求等。

8.4.4 监督检查前,项目工程质量监督负责人(或检查组组长、或检查组带队人员)应组织监督人员召开碰头会,研讨具体检查工作及检查注意事项。

8.4.5 工程质量监督机构应制定现场监督对象抽取办法,并按制定的办法抽取检查对象(标段或工点)。检查前,可结合所抽取标段的工点进度、特点、规模、质量安全风险、前期检查情况及监理反馈情况等因素考虑抽取权重比例,随机抽取检查工点,抽取记录可按本指南附录 E 填写。

8.5 监督检查工作流程及检查内容

8.5.1 质量监督检查工作流程见图 8.5.1。

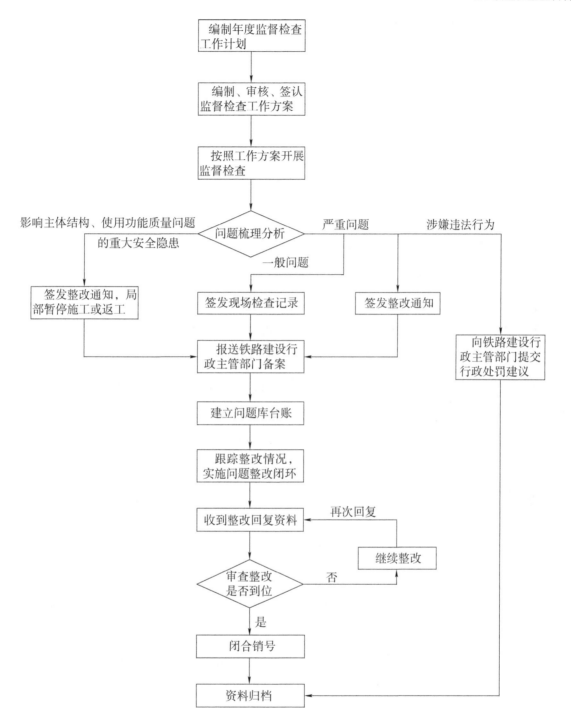

图 8.5.1 监督检查工作流程图

8.5.2 监督检查工作宜采取"四不两直"方式,减少对现场施工作业的干扰,尽可能避免停工迎检、提前层层准备等现象。鼓励针对质量安全薄弱环节实行差异化监督管理,对工程管理薄弱的项目、合同段和信用较差的市场主体应当加强监督检查,增强监督管理的针对性和实效性。

8.5.3 监督检查过程中,监督人员按照各自检查分工,结合检查清单依法合规地开展检查工作。

8.5.4 铁路建设工程质量监督检查工作应重点抽查以下内容:
1 参建单位对工程质量法律、法规的执行情况。
2 参建单位对工程建设强制性标准的执行情况。
3 参建单位质量责任落实及质量保证体系运行情况。
4 主要工程材料、构配件的质量情况。
5 主体结构工程实体质量等情况。
6 建设单位质量管理实施情况。

8.5.5 实体质量监督检查以抽查为主,应结合所监督项目和区域特点开展监督检查工作,重点是涉及结构安全和使用功能的地基基础、主要结构等,对抽查部位进行目测、实测、仪器检测及核查相应质量保证资料,并做好监督检查记录。对于现场检查发现有疑问但暂时不能作出明确结论的问题,工程质量监督机构应进一步查实,相关单位应配合提供相关材料,必要时工程质量监督机构有权采取进一步处置措施,以查明实体工程质量情况。

8.5.6 涉及安全生产方面的监督检查应采取抽查、专项检查等方式,应重点检查以下内容:
1 参建单位执行铁路建设安全生产相关法律、法规情况。
2 参建单位安全生产责任制落实情况。
3 参建单位安全管理制度建立和执行情况。
4 安全生产条件的落实情况。
5 构建安全风险分级管控和隐患排查治理双重预防机制的落实情况。
6 安全风险管理和应急管理情况。
7 营业线施工安全管理情况。

8.5.7 竣工验收监督检查应以各阶段验收程序为重点,检查竣工验收资料和工程实体质量。各阶段验收监督重点内容有:验收组织、验收条件、验收过程、验收结论。

对竣工验收过程中发现建设单位有违反国家有关建设工程质量管理规定情形的,责令整改;情节严重的,责令停止使用并重新组织验收。

8.5.8 监督检查中,对涉及结构安全或重要使用功能的实体有明显缺陷、工程质量控制资料不完整等工程质量存疑情形时,可采用监督检测试验进行验证。

8.5.9 对监督检查发现的问题,可采集和留存相关影像资料、收集问题相关证据;对严重问题,应收集经资料提供单位签字盖章的证据链资料。

8.5.10 监督人员应记录检查发现的问题,如实、规范描述并注明所违反的相关条文,对于工程实体质量和现场安全问题还应详细描述问题发生的位置、范围和程度。

8.5.11 检查结束后,监督人员及时梳理、汇总、检查发现的问题。

8.6 监督检查问题反馈和处理

8.6.1 项目工程质量监督负责人(或检查组组长、或检查组带队人员)应组织检查问题及意见交流反馈会;对受检单位提出的异议问题,监督人员应逐一核实,并形成最终意见。

8.6.2 监督检查后,对一般问题下发现场检查记录表(见本指南附录F),对严重问题应下发整改通知(见本指南附录G)并经项目监督负责人审核;铁路建设行政主管部门可视情况下发意见反馈表(见本指南附录H)。

8.6.3 针对监督检查发现的问题,铁路建设行政主管部门或其委托的工程质量监督机构应要求建设单位立即组织相关单位整改,各相关单位应举一反三,全面排查整改质量安全隐患。对于质量问题应限期整改,对于安全问题应立即整改,对于重大质量安全隐患可采取局部暂停施工或返工等强制性措施。

8.6.4 工程质量监督机构发出的整改通知应同时抄送铁路建设行政主管部门。

8.6.5 工程质量监督机构发现的涉嫌违法问题及行为应及时报送铁路建设行政主管部门。

8.6.6 建设单位有下列行为之一,按照《建设工程质量管理条例》规定,责令改正,处20万元以上50万元以下的罚款:

1 明示或者暗示设计单位或者施工单位违反工程建设强制性标准,降低工程质量的。

2 施工图设计文件未经审查或者审查不合格,擅自施工的。

3 建设项目必须实行工程监理而未实行工程监理的。

4 未按照国家规定办理工程质量监督手续的。

5 明示或者暗示施工单位使用不合格的建筑材料、建筑构配件和设备的。

6 未按照国家规定将竣工验收报告、有关认可文件或者准许使用文件报送备案的。

8.6.7 建设单位有下列行为之一,按照《建设工程质量管理条例》规定,责令改正,处工程合同价款2%以上4%以下的罚款;造成损失的,依法承担赔偿责任:

1 未组织竣工验收,擅自交付使用的。

2 验收不合格,擅自交付使用的。

3 将不合格的建设工程按照合格工程验收的。

8.6.8 按照《建设工程质量管理条例》规定,施工单位在施工中偷工减料的,使用不合格的建筑材料、建筑构配件和设备的,或者有不按照工程设计图纸或者施工技术标准施工的其他行为的,责令改正,处工程合同价款2%以上4%以下的罚款;造成建设工程质量不符合规定的质量标准的,负责返工、修理,并赔偿因此造成的损失;情节严重的,责令停业整顿,降低资质等级或者吊销资质证书。

施工单位未对建筑材料、建筑构配件、设备和商品混凝土进行检验,或者未对涉及结构安全的试块、试件以及有关材料取样检测的,责令改正,处10万元以上20万元以下的罚款;情节严重的,责令停业整顿,降低资质等级或者吊销资质证书;造成损失的,依法承担赔偿责任。

8.6.9 按照《建设工程质量管理条例》规定,工程监理单位有下列行为之一的,责令改正,处50万元以上100万元以下的罚款,降低资质等级或者吊销资质证书;有违法所得的,予以没收;造成损失的,承担连带赔偿责任:

1 与建设单位或者施工单位串通,弄虚作假、降低工程质量的。

2 对不合格的建设工程、建筑材料、建筑构配件和设备按照合格签字的。

8.6.10 整改通知问题整改回复资料应由建设单位审核确认后报送工程质量监督机构,采取局部暂停施工或返工等强制性措施的问题整改回复资料抄送铁路建设行政主管部门,暂停施工的需经指定单位或部门确认后方可恢复施工。

8.7 监督检查问题闭环管理

8.7.1 工程质量监督机构应对现场检查记录和整改通知中存在的问题进行研判分析和归类,进行监督检查问题数量动态统计(可按本指南附录 I 表 1 填写)并填写监督检查动态问题库(可按附录 I 表 2 填写),适时跟踪整改情况,实施问题整改闭环动态管理。

8.7.2 工程质量监督机构应对问题整改回复资料进行审查,直至问题闭环归零;限期内不能完成整改的问题,应要求建设单位说明原因、明确整改期限并进行补充回复,直至问题闭环归零。

8.7.3 对于限期内未经整改或整改不到位的问题,工程质量监督机构应及时上报铁路建设行政主管部门。

8.8 检查总结及信息报送

8.8.1 工程质量监督机构应在每季度末编制监督检查工作情况小结(可按本指南附录 J 格式编制)。

8.8.2 工程质量监督机构应编制半年监督工作情况报告(可按本指南附录 K 格式编制),并及时上报铁路建设行政主管部门。

8.8.3 工程质量监督机构对监督检查中发现并基本查实的违法行为,应收集固化证据,填写铁路建设工程涉嫌违法信息提报表(见本指南附录 L),及时向铁路建设行政主管部门报告违法行为线索。

8.9 监督检测一般规定

8.9.1 监督检测工作应坚持公平公正、依法合规、查实求真、科学有效的原则。

8.9.2 监督检测机构根据工程进度和工程质量监督管理的需要开展监督检测工作。监督检测机构应具有国家认证的检测资质,且满足铁路建设行政主管部门相关要求。

8.9.3 监督检测机构不得与被检测检验工程的建设、勘察、设计、施工、监理等单位及建筑材料供应商等存在隶属关系或其他利害关系;发现存在隶属关系或其他利害关系的,应立即终止或调整相应监督检测机构的委托合同。

8.9.4 监督检测机构应根据项目实际编制检测工作计划,并及时向工程质量监督机构报送,工作计划中应明确检测项目(内容、指标)和相应的检验标准。

8.9.5 监督检测机构应根据工程质量监督机构的监督计划、投诉举报调查、案件调查及监督检查需要,编制铁路建设项目工程质量监督检测工作方案(可按本指南附录 M 的格式编制),并按方案开展工作。

8.9.6 监督检测前,监督检查组应组织建设、设计、监理、施工、第三方检测单位和监督检测机构召开监督检测现场准备会,会议应明确监督检测工作内容及配合人员,并宣读廉政纪律和工作注意事项。

8.10 监督检测工作流程及工作内容

8.10.1 监督检测工作流程见图 8.10.1。

8.10.2 监督检测具体工作内容应包括:

1 监督检测机构开展的实体、原材料及构配件等取样工作和现场检测工作应按相关标准规范进行。取样的样品应按规定进行封装,现场检测前应完成仪器设备校准,样品和检测部位应满足自检合格要求,并兼具代表性。

2 工程质量监督机构应组织参与各方对取样、现场检测进行签字确认。

3 监督检测机构负责收集与监督检测有关的资料(设计要求、检验批验收资料、参建单位自检资料、第三方检测资料),所收集的资料应加盖印章,标明"复印件与原件一致"并签字(姓名、日期)确认。

4 根据检测项目实际情况,由监督检测机构配合工程质量监督机构进行盲样编制工作。

5 监督检测机构应按相关标准对样品进行开封、制样、试验,做好备品备样的留存工作,必要时采集和留存试验过程影像资料。

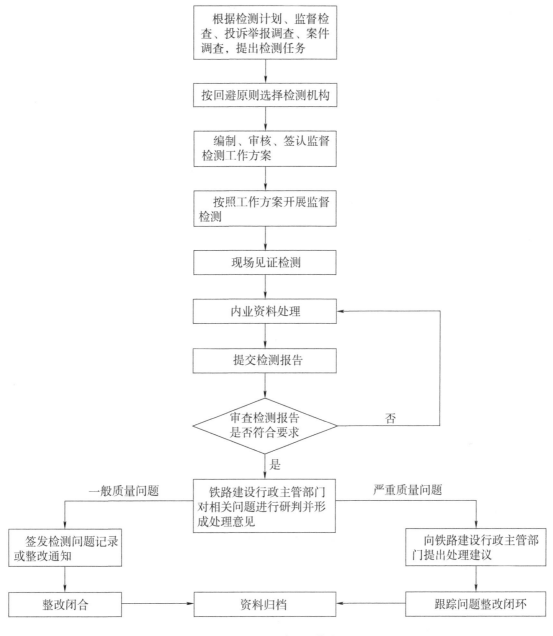

图 8.10.1 监督检测工作流程图

8.10.3 监督检测机构在检测、试验过程中发现有不合格的,经核实无误后,应及时向工程质量监督机构反馈。

8.10.4 监督检测机构应在试验检测结束后 5 个工作日内向工程质量监督机构提交试验检测报告;涉及事故调查、投诉举报调查的,应在试验检测结束后立即向委托单位报告检测结果。

8.10.5 检测试验结束后,对于检测项目有不合格的情况,监督检测机构提交检测报告的同时应同步提交相应的检测原始数据及收集的相关材料。

8.10.6 监督检测任务完成后,监督检测机构应及时完成资料归档,按照档案管理规定移交工程质量监督机构。归档资料主要包括以下内容:任务书、方案、现场收集的资料、影像资料和检测报告等。

8.10.7 监督检测见证人员应对工程实体检测、原材料和构配件取样过程进行见证,视需要对室内试验进行见证,并采集和留存相关影像资料。

8.10.8 监督检测见证人员应根据取样情况对样品进行盲样编号,并做好盲样编号记录。

8.10.9 监督检测见证人员试验室见证时,应对所使用的试验设备、试验环境进行检查。

8.10.10 监督检测见证人员应对样品开封、制样、试验关键环节进行见证,并留存影像资料。

8.11 监督检测结果反馈与处理

8.11.1 工程质量监督机构应对监督检测机构提交的检测报告进行核查,对于不符合标准规范等相关规定的检测报告,工程质量监督机构可要求监督检测机构重新出具检测报告,并书面说明原因。

8.11.2 检测结果利害关系人对检测结果发生争议的,由监督检测机构和被检测对象共同认可的、具备相应资质要求的检测机构按规定对备样进行复检。

8.11.3 对监督检测中发现的工程质量问题,工程质量监督机构应对相关问题进行研判,必要时组织监督检测机构进行研判。

8.11.4 对监督检测发现的一般或较严重工程质量问题,工程质量监督机构可向建设单位下发检测问题记录表或整改通知单,并要求相关责任单位分析原因,制定整改方案,限期整改。整改完成后,由建设单位组织验收,并向工程质量监督机构提交整改回复材料。

8.11.5 对监督检测发现的严重工程质量问题,工程质量监督机构应及时向铁路建设行政主管部门提出处理建议,并跟踪问题整改直至闭环销号。

8.11.6 监督检测机构应及时将检测中发现的工程质量问题、处理情况及整改情况录入有关监管信息系统或问题库。

9 投诉举报调查处理

9.1 一般规定

9.1.1 依据《铁路工程建设投诉举报处理办法》(国铁工程监〔2016〕7号)等有关规定,铁路建设行政主管部门按职责对反映所辖铁路工程建设期间存在招标投标、质量安全、建设市场秩序违法违规事项的投诉举报进行调查处理。

9.1.2 铁路建设行政主管部门开展地方铁路项目的投诉举报调查处理工作,接受国家铁路局、地区铁路监督管理局的行业指导、协调等。

9.1.3 铁路工程建设投诉举报处理工作坚持依法、公平、公正、高效原则。

9.1.4 负责办理投诉举报调查处理的工作人员有下列情形之一的,应当主动回避:
 1 近亲属是投诉举报双方当事人,或者是投诉举报双方单位的主要负责人。
 2 在近三年内本人曾经在被投诉单位担任过高级管理职务。
 3 与投诉举报双方有其他利害关系,可能影响对投诉举报事项公正处理的。

9.1.5 负责办理投诉举报调查处理的工作人员应严格遵守保密规定,对于在办理过程中接触到的国家秘密、商业秘密应当予以保密;不得违规将投诉举报材料及有关情况透露或转给被投诉举报对象;不得违规将本单位办理投诉举报的内部研究情况透露给投诉举报双方及其他无关人员。

9.2 受理

9.2.1 投诉举报受理工作流程见图9.2.1。

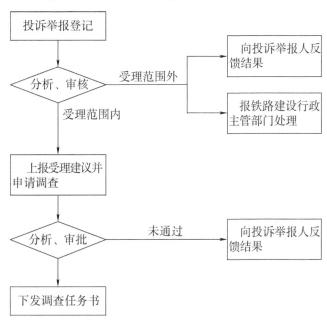

图9.2.1 投诉举报受理工作流程图

9.2.2 铁路建设工程投诉举报应由负有相应监管职责的铁路建设行政主管部门受理。投诉举报涉及两个及以上地方政府监管辖区等特殊情况的，由其监管单位的上级管理单位指定单位受理，受铁路建设行政主管部门委托的工程质量监督机构可以直接受理、调查委托范围内的投诉举报。

9.2.3 铁路建设行政主管部门或工程质量监督机构（以下简称"有权受理单位"）确定本单位负责受理铁路工程建设投诉举报的相关部门及联系方式，应及时向社会公布。

9.2.4 有权受理单位收到铁路工程建设过程中招投标、质量安全、市场秩序投诉举报后，应予以登记、审核，铁路工程建设投诉举报登记表可按本指南附录N填写并进行处理。需要转办的，按规定转送有关单位处理，可按本指南附录O填写铁路工程建设投诉举报转办通知单。不符合投诉举报受理条件的，不予受理。

9.2.5 对于招标投标投诉，按《工程建设项目招标投标活动投诉处理办法》（国家发展改革委等七部委令第11号）相关要求办理。

9.2.6 有下列情形之一的质量安全、建设市场秩序投诉举报,不予受理,登记后予以存档:

1 不属于有权受理单位监管职责范围内的质量安全、建设市场秩序投诉举报。

2 内容事实不清,或无明确的投诉举报对象、无明确的违法行为的。

3 已经受理或已做出处理决定,投诉举报人就同一事项再次投诉举报且未提供新的违法违规事实的。

4 已经或依法应当通过诉讼、仲裁、行政复议等法律途径解决的。

9.2.7 对投诉举报做出是否受理决定后,应分情形及时予以处理,并可按本指南附录P填写铁路工程建设投诉举报受理回执。

9.3 调查

9.3.1 投诉举报调查工作流程见图9.3.1。

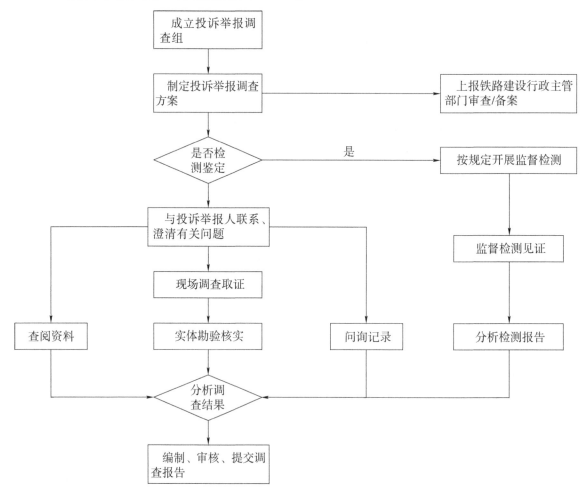

图9.3.1 投诉举报调查工作流程图

9.3.2 投诉举报正式受理后,有权受理单位应根据投诉举报反映的问题情况,及时成立调查组,调查、核实投诉举报反映的有关情况;也可责成投诉举报涉及铁路工程建设项目的参建单位或其上级管理单位进行初步调查或协助调查,调查结果书面反馈有权受理单位。

9.3.3 委托工程质量监督机构受理投诉举报的,工程质量监督机构应编制投诉举报调查工作方案并报铁路建设行政主管部门审查或备案。

9.3.4 投诉举报调查工作方案包括以下内容:
1 调查目的。
2 调查组组成。
3 调查范围及内容。
4 调查日程安排。
5 廉洁纪律要求。

9.3.5 依据国家有关规定,调查组有权向相关单位和个人了解、核实与投诉举报事项有关的情况,并要求其提供有关文件、资料;有权进入现场实地查勘、取样。调查取证时,应由两名及以上调查人员进行,制作的笔录应交被调查人签字确认。

9.3.6 质量安全投诉举报调查中,应责令改正调查发现的质量问题、责令立即排除发现的安全事故隐患;重大安全事故隐患排除前或排除过程中无法保证安全的,应责令从危险区域内撤出作业人员或暂时停止施工。

9.3.7 调查结束后,调查组应及时形成调查报告,连同有关证据材料提交有权受理单位。调查报告内容应当包括投诉举报相关事项及诉求、调查基本情况、查明的事实及调查结论、处理建议、调查组全体成员签名等,主要包括如下内容:
1 投诉举报事项简述(投诉举报人、被投诉举报人、投诉举报事项、具体诉求)。
2 调查过程(调查组组成、调查时间、调查对象、调查方式、调查内容、有关证据及附件清单等)。
3 调查结论(对照投诉举报事项一一说明是否属实,有关诉求能否支持)。
4 处理意见(如属实,针对存在违法违规行为,提出具体处理建议;若不属实,提出处理意见)。
5 调查组全体成员签名。

9.3.8 如投诉举报事项发生变化或客观原因导致调查工作不需要或无法继续开展的，有权受理单位可以终止调查，并告知有关当事人。

9.4 处理

9.4.1 投诉举报处理工作流程见图9.4.1。

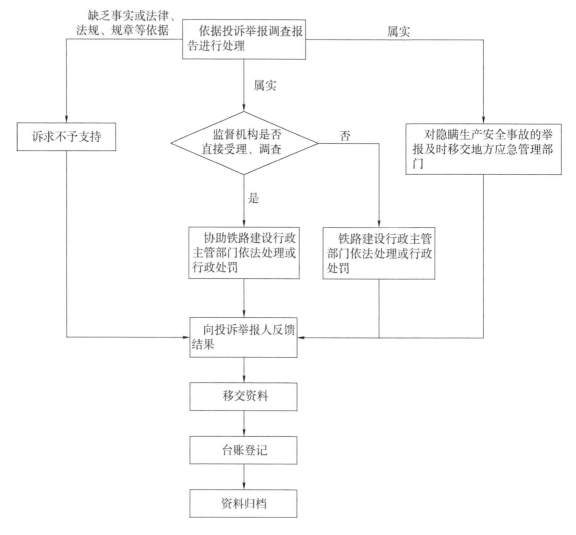

图9.4.1 投诉举报处理工作流程图

9.4.2 对于招标投标投诉，有权受理单位做出处理决定后，以书面形式通知投诉人、被投诉人和其他与投诉处理结果有关的当事人；处理决定做出前，投诉人书面要求撤回投诉的，应按规定决定是否准予撤回。

9.4.3 对于质量安全、建设市场秩序投诉举报,投诉举报人实名并留有有效联系方式的,有权受理单位应以适当方式告知投诉举报人办理结果。处理结果告知单可按本指南附录 Q 格式填写。

9.4.4 投诉举报事项在规定时间内应予以办结;情况复杂的,可以适当延长办理期限。

10 事故调查处理

10.1 一般规定

10.1.1 铁路工程建设造成经济损失和人员伤亡的事故，按《生产安全事故报告和调查处理条例》进行调查处理；因工程质量造成铁路交通事故的，按《铁路交通事故应急救援和调查处理条例》进行调查处理。

10.1.2 铁路建设行政主管部门组织或参与所负责建设管理铁路建设工程的质量事故调查处理，按规定参与铁路建设工程生产安全事故调查。

10.1.3 铁路建设工程质量事故调查处理应当坚持实事求是、尊重科学的原则，及时、准确地查清事故经过，提出整改措施，并对事故责任单位和事故责任人依法追究责任。

10.1.4 按照《铁路建设工程质量事故调查处理规定》相关规定，铁路建设工程质量事故分为特别重大事故、重大事故、较大事故、一般事故。

10.1.5 结合《铁路建设工程质量监督管理规定》(交通运输部令2021年第35号)相关要求和我省实际情况，发生铁路建设工程质量事故，建设、施工、监理单位应在事故发生后24小时内，向铁路建设行政主管部门或工程质量监督机构报告，并采取有效措施，防止事故扩大，保护事故现场。逾期不报的，按隐瞒事故处理。

10.1.6 依据《铁路建设工程质量监督管理规定》,铁路建设工程质量事故实行逐级报告制度,特别重大事故逐级上报国务院,重大事故、较大事故上报国家铁路局,一般事故上报地区铁路监督管理局和铁路建设行政主管部门。必要时可以越级上报事故情况。

10.2 调查

10.2.1 铁路建设工程质量事故调查工作流程见图10.2.1。

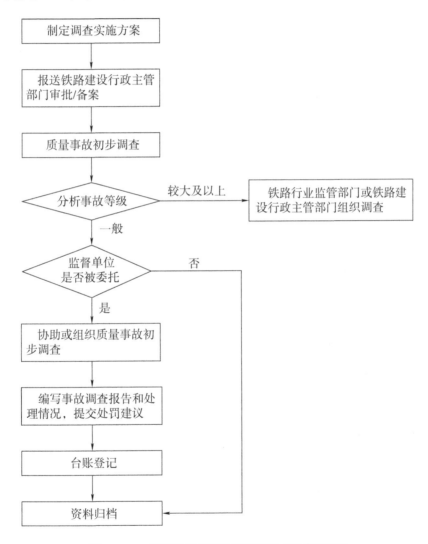

图 10.2.1 铁路建设工程质量事故调查工作流程图

10.2.2 接到事故报告后,铁路建设行政主管部门或工程质量监督机构应按照质量事故调查处理有关规定处置。需要启动应急预案的,按照广东省建设工程事故相关应急规定处置。

10.2.3 铁路建设工程质量事故实行分级调查。较大及以上事故由铁路监管部门或铁路建设行政主管部门组织调查；一般事故由铁路建设行政主管部门调查或委托工程质量监督机构、建设单位（或建设单位的上级单位）调查。

10.2.4 工程质量监督机构组织或参与事故调查时，应编制事故调查工作方案，并报送铁路建设行政主管部门备案。

10.2.5 事故调查工作方案包括调查目的、调查组组成、调查事项、调查范围及内容、调查日程安排、廉洁纪律要求。

10.2.6 调查组依据国家有关规定，有权进入现场实地查勘、取样，有权向相关单位和个人了解、核实情况，可依法收集有关的书证、物证、证人证言、视听资料和电子数据、鉴定结论、勘验笔录和现场询问记录等证据材料；调查取证应由两人及以上进行，制作的笔录应交被调查人签字确认。

10.2.7 事故调查组履行下列职责：
 1 查明事故发生的经过、原因、人员伤亡情况及直接经济损失。
 2 认定事故的性质和事故责任。
 3 提出对事故责任者的处理建议。
 4 总结事故教训，提出防范和整改措施。
 5 提交事故调查报告。

10.3 调查报告编制及事故处理

10.3.1 事故调查报告应当包括下列内容：
 1 事故发生单位概况。
 2 事故发生经过和事故救援情况。
 3 事故造成的人员伤亡和直接经济损失。
 4 事故发生的原因和事故性质。
 5 事故责任的认定以及对事故责任者的处理建议。
 6 事故防范和整改措施。

10.3.2 事故调查报告应当附具有关证据材料。事故调查组成员应当在事故调查报告上签名。

10.3.3 工程质量监督机构组织的事故调查,应及时将工程质量事故调查报告报铁路建设行政主管部门审查。

10.3.4 质量事故处理实行"四不放过"原则:事故原因未查清不放过;事故责任人和职工没有受到教育不放过;事故责任人未受到处理不放过;未制订切实可行的整改、防范措施并落实到位不放过。

10.3.5 工程质量事故应分级分类严肃处理,铁路建设行政主管部门或有权处理部门对责任单位视情节轻重予以警告、通报批评、行政处罚、吊销资质、列入惩戒失信"黑名单"的处罚,构成犯罪的,依法追究刑事责任。

11 监督检查问题处理

11.1 一般规定

11.1.1 各相关单位开展的监督检查、监督检测、投诉举报调查和事故调查工作,应自觉遵守法律、法规、规章,按照依法依规、公正公开、查实求真的原则开展工作,并根据查实问题的性质、严重程度和后果影响,有针对性地实施教育手段和惩戒措施。

11.1.2 依据检查发现问题的性质、严重程度,铁路建设行政主管部门可按规定做出书面通报、警示约谈、通报批评、罚款等处理措施。

11.1.3 对于铁路建设行政主管部门和工程质量监督机构履职过程中发现的严重质量安全问题、违法违规行为,由铁路监管部门按相关行政处罚管理办法的规定开展行政处罚工作,并纳入我省铁路建设信用评价管理。

11.2 书面通报

11.2.1 有下列情形之一时,可向责任主体单位或其上级管理单位发出书面通报:
1 监督检查工作中发现的典型问题,以及通病问题、违章违纪惯性问题等。
2 综合督查、专项检查等发现的突出问题。
3 监督检测发现的质量问题。
4 问题整改不到位、不彻底,未举一反三对薄弱环节和问题进行全面排查整改等情况。

5 其他需要书面通报的情形。

11.2.2 通报由铁路建设行政主管部门针对具体的问题以公函的形式下发给参建单位,并视情况抄送相关行政管理部门、监管部门。

11.3 警示约谈

11.3.1 铁路建设工程质量安全等警示约谈(以下简称约谈)是指各级铁路建设行政主管部门相关负责人约见下级铁路建设行政主管部门、责任单位、相关地方人民政府及部门负责人,就工程质量、安全生产主体责任不落实、监督管理工作不力,发生铁路工程质量、生产安全事故及存在较大险情或重大隐患,进行提醒、警示、告诫、督促整改的谈话。其他招标投标、履约、市场秩序等方面的警示约谈可参照执行。

11.3.2 有下列情形之一时,可进行约谈:
1 发生较大事故或社会影响较大、性质严重的一般事故的。
2 事故应急处置不力,致使事故危害扩大的。
3 社会影响较大、性质较为严重的一般事故未落实责任追究、防范和整改措施的。
4 事故隐患整改不力,发生较大险情的。
5 其他需要约谈的情形。

11.3.3 特别重大事故和重大事故的约谈执行国家铁路局及广东省有关规定。

11.3.4 铁路建设行政主管部门按规定启动约谈程序,工程质量监督机构协助或参与约谈工作。根据约谈工作需要,可邀请有关专家、新闻媒体、公众代表等列席约谈。

11.3.5 组织约谈单位应书面通知被约谈方,告知约谈事项、约谈时间、约谈地点、参加人员、需要提交的材料等。

11.3.6 被约谈方应根据约谈事项准备书面材料,主要包括基本情况、原因分析、主要教训以及整改方案等。

11.3.7 约谈程序：

1 约谈方说明约谈事项和目的，通报被约谈方存在的问题。

2 被约谈方就约谈事项进行陈述说明，提出下一步拟实施的整改方案。

3 讨论分析、确定整改方案。

4 形成约谈记录或纪要，根据具体情况抄送相关单位。

11.3.8 整改措施落实与督促：

1 被约谈方应当在约定的时限内将整改方案书面报约谈方，并应及时报告整改方案执行情况。

2 约谈方跟踪督办整改方案执行情况，必要时进行现场检查。

3 落实整改方案不力、连续发生事故的，由约谈方给予书面通报，并抄送被约谈方的上一级主管单位，依法依规处理。

11.3.9 约谈方应注意约谈记录或纪要等材料的保存归档。

11.4 失信惩戒

11.4.1 工程质量、造价等监督机构及有关监督服务机构在勘察设计、造价管理、工程质量、安全生产、市场秩序等监督检查、监督检测、投诉举报调查和事故调查中发现相关从业单位有较严重的违法违规失信行为时，应及时向铁路建设行政主管部门报告。

11.4.2 铁路建设工程失信行为的认定、记录、公布参照《铁路建设工程失信行为认定记录公布管理办法》（国铁工程监〔2018〕76号）执行。

11.4.3 铁路建设行政主管部门对从业人员和从业单位的信用评价按照《广东省交通运输厅关于交通建设从业人员信用评价的实施细则》（粤交〔2022〕2号）和《广东省交通运输厅关于铁路工程从业单位信用评价的实施细则》（粤交〔2021〕19号）执行。

工程质量监督工作报告及监督档案管理

12.1 监督工作报告

12.1.1 工程质量监督机构应在铁路建设工程项目召开初步验收总结会议前完成铁路建设项目工程质量监督工作报告的编制,并报送铁路建设行政主管部门。

12.1.2 铁路建设项目工程质量监督工作报告应包括如下内容:
1 工程概况。
2 监督工作概况。
3 监督检查情况。
4 监督抽检情况。
5 投诉举报受理及调查处理情况。
6 相关问题处理整改和事故的调查处理情况。
7 行政处罚情况。
8 建设单位组织验收情况。
9 监督意见和建议。
10 相关附件。

12.2 监督档案管理

12.2.1 铁路建设行政主管部门及工程质量和造价等监督(服务)机构在监督工作实施

过程中,应做好监督工作相关资料的收集、整理、归档工作。

12.2.2 监督档案由工程质量监督机构项目监督负责人组织建立和维护,其他监督(服务)机构配合,在收到铁路建设项目工程竣工验收资料后装订成册,移交铁路建设行政主管部门。

12.2.3 监督档案应包括以下内容:
1 建设单位提供的铁路建设项目工程质量监督申报表及相关资料。
2 铁路建设项目工程质量监督书、监督计划、监督方案、建设责任主体相关信息等资料。
3 首次监督会议方案及会议纪要。
4 整改通知单、整改回复和处理结果等相关资料。
5 监督检测资料。
6 投诉举报受理台账及调查处理资料。
7 质量事故台账及调查处理资料。
8 监督工作报告。
9 规定或约定的其他资料。

12.2.4 监督档案管理应执行以下要求:
1 归档时间:各监督项目形成的原始记录、检查报告和技术档案随时归档。
2 案卷要求:案卷要遵循监督文件材料的形成规律,保持卷内材料的内在联系,将监督工作所形成的文件材料组成一个案卷。
3 档案的保管:对审核好的全部归档材料应进行分类,编制案卷目录,最后对档案进行装订排架。档案库房应配有必要的安全管理设备,确保档案安全利用。
4 查阅制度:监督工作人员因工作需要查阅有关文档,由档案室负责人审批后,办理查阅登记手续方可查阅。外单位需要查阅档案,应持有单位介绍信,经档案室负责人批准,办理借阅手续后方能借阅。档案一般只能在档案室查阅,如确因工作需要借出时,一般应当天归还,特殊情况可适当放宽,但必须办理续借手续。查阅、借阅档案,严禁涂改、圈划、拆卷、抽换、剪裁、污损和加标记等损坏档案的行为。

13 监督(服务)机构及人员考核管理

13.1 监督(服务)机构考核

13.1.1 按照国家、铁路行业相关规定和合同约定,委托方负责对监督(服务)机构实施年度考核。考核前,监督(服务)机构应按本指南规定的考核内容提交年度工作报告。开展监督工作不足6个月的监督(服务)机构,当年不考核,有关工作纳入下一年度考核。

13.1.2 监督(服务)机构考核的主要内容有:
1 监督(服务)机构设置情况。
2 监督人员配备情况。
3 监督制度建设及执行情况。
4 监督工作任务完成情况。
5 其他应当纳入考核的内容。

13.1.3 监督(服务)机构考核结果分为优秀、合格、基本合格和不合格四个等次。年度考核总分为100分,考核得分90分(含)以上为优秀,80(不含)~90分(含)为合格,60(不含)~80分(含)为基本合格,60分以下为不合格。铁路建设工程质量安全监督(服务)机构年度考核标准可按本指南附录R执行。

13.1.4 监督(服务)机构有下列情形之一的,考核结果直接判定为不合格:
1 无正当理由未完成建设项目监督计划的。

2 提供虚假监督资料或监督工作中出现重大失误,被铁路建设行政主管部门通报的。
3 在监督工作中存在严重违反法律、法规及中央八项规定精神行为的。
4 在监督检查中发现重大质量事故隐患,不依法及时处理,导致重大质量事故,影响恶劣的。

13.2 监督人员考核

13.2.1 委托方根据工程质量监督(服务)机构提交的年度工作报告中监督人员自评意见和单位考核意见,对监督人员实施年度考核。监督人员考核结果分为优秀、合格和不合格。按本指南附录 S 填写铁路建设工程监督人员年度考核表。

13.2.2 监督人员考核的主要内容有:
1 监督人员基本条件符合情况。
2 参加业务知识培训情况。
3 监督职责履行情况。
4 遵守廉洁纪律情况。

13.2.3 监督人员有下列行为之一的,考核结果为不合格:
1 未按照有关法律法规和规定的标准和程序开展监督工作,造成不良后果的。
2 在监督工作中存在违反法律、法规及中央八项规定精神行为的。
3 因监督失职,所监督的工程发生重大质量事故,影响恶劣的。

13.3 考核结果处理

13.3.1 年度考核基本合格的监督(服务)机构,由委托方对其负责人进行约谈,提出改进要求。委托方对年度考核不合格的监督(服务)机构责令限期整改;整改合格前,暂停拨付监督费用或降低次年首次拨付比例,或按委托合同采取其他处理措施。

13.3.2 年度考核不合格的监督人员,建议暂停从事相关监督工作,责令限期改正;到期仍不合格的,监督(服务)机构应将其调离监督岗位。

附 录

附录 A
铁路建设项目工程质量监督申报表

铁路建设项目工程质量监督

申　报　表

工程名称：_____

建设单位：_____

_____年___月___日

工程质量监督机构名称：_____

根据《中华人民共和国建筑法》《建设工程质量管理条例》《铁路建设工程质量监督管理规定》等法律、法规、规章和国家铁路局相关规定,现申请办理工程质量监督手续。

一、工程概况

工程名称			
工程地点			
工程规模			
总投资(万元)		建安费(万元)	
计划开工日期		计划竣工日期	

二、建设单位

三、代建单位(若有)

四、勘察设计单位(资质等级)

五、监理单位及其资质等级

序号	监理单位名称	资质等级

六、施工单位及其资质等级

序号	施工单位名称	资质等级

七、提交资料

应注明资料名称、份数等。

八、建设单位主要质量管理人员

类别	姓名	职务	职称	专业	电话
项目负责人					
分管负责人					
技术负责人					
质量负责人					

九、代建单位主要质量管理人员

类别	姓名	职务	职称	专业	电话
项目负责人					
分管负责人					
技术负责人					
质量负责人					

十、设计单位主要人员

单位	类别	姓名	职称	专业	联系电话
	项目总体				
	主要专业负责人				
	现场配合负责人				

十一、监理单位主要人员

单位	类别	姓名	职称	专业	联系电话
	总监				
	质量负责人				

十二、施工单位主要质量管理人员

单位	人员	姓名	职务	职称	专业	电话
	项目经理					
	技术负责人					
	质量负责人					

十三、项目重点单位及危大工程信息

（参考粤交铁字〔2022〕238 号）

附录 B

广东省铁路建设项目工程质量监督书

编号(文号)：_____

(建设单位)：

　　经审查,你单位申报_____工程质量监督提供的文件和资料符合规定。自本监督书发出之日起,我厅(联合_____)负责该项目工程质量监督管理工作。各参建单位应严格按照《中华人民共和国建筑法》《建设工程质量管理条例》《铁路安全管理条例》《铁路建设工程质量监督管理规定》等法律、法规、规章、国家铁路局及我省相关规定,履行相应责任和义务。

　　一、工程名称

　　……

　　二、建设单位

　　……

　　三、计划工期

　　……

　　四、监督时间

　　……

　　五、已提交资料

　　……

　　六、监督工作要求

　　……

　　联系人：_____ 联系电话：_____

铁路建设行政主管部门
_____年___月___日

附录 C
铁路建设项目工程质量监督计划

（建设单位）：

  依据我单位与_____于_____年____月____日签订的技术服务合同及委托书，_____工程质量监督工作由_____具体实施。根据本工程项目特点和监督工作实际需要，我监督机构拟定了监督计划，请据此予以配合，并请转发各参建单位做好配合工作。

一、监督人员及联系电话
……

二、监督方式
……

三、监督内容及重点
……

四、监督检查频率
……

五、监督工作要求

1. 建设单位
……

2. 监理单位
……

3. 设计单位
……

4. 施工单位
……

六、工程质量问题举报方式
……

七、监督机构地址及联系电话
……

八、其他相关事宜
……

工程质量监督机构（盖章）
_____年____月____日

附录 D
铁路建设项目工程质量廉政纪律告知书

为认真落实党风廉政建设相关规定,推进党的纪律建设和作风建设,强化权力制约监督,树立勤政、务实、为民的铁路质量监督机构新形象,现将廉政工作纪律告知如下,请予以支持、配合并监督。

1. 严格按标准住宿,房间内不得摆放鲜花、香烟、水果。
2. 不得参加受检单位安排的各类宴请。不接受受检单位领导的陪同、陪餐。
3. 不得上高档菜肴,不得饮酒。自助餐要节俭,避免浪费。
4. 检查期间要轻车简从,不得观光游览或出入私人会所。
5. 不得收受任何形式的纪念品、礼品礼金、土特产和其他馈赠。
6. 不得发生其他违纪违规行为。

本监督工作人员如有违反相关廉政纪律,请来信来电进行举报投诉,一经查实,将严肃处理。

联系地址:_____

联系电话:_____

受监督单位项目负责人(签字):_____

监督人员(签字):_____

_____年___月___日

附录 E
铁路建设工程监管抽选结果表

抽选日期	
抽选时间	
抽中的工程名称	
抽中的施工标段	
抽中的单位工程名称	
该单位工程建设单位	
该单位工程施工单位	
该单位工程监理单位	
主要分部工程及质量安全风险简述	
抽选人	
见证监督人	

附录 F
铁路建设工程现场检查记录表

检查时间		受检单位	建设单位： 设计单位： 施工单位： 监理单位：
检查内容			
发现问题	一、建设单位： 　　…… 二、设计单位： 　　…… 三、施工单位： 　　…… 四、监理单位： 　　……		
处置措施	请各单位举一反三,深入排查施工质量安全隐患,整改上述问题。请建设单位于_____年____月____日前确认整改,并留存整改情况书面资料备查。		
检查组成员： 被检查单位代表：			

附录 G
铁路建设工程质量安全问题整改通知单

编号：_____

(建设单位)：

经抽查，你单位负责建设管理的_____铁路建设项目工程存在以下问题：

一、建设单位：

1.……

2.……

二、设计单位：

1.……

2.……

三、施工单位：

1.……

2.……

四、监理单位：

1.……

2.……

依据《中华人民共和国安全生产法》《建设工程质量管理条例》《建设工程安全生产管理条例》《建设工程勘察设计管理条例》《铁路建设工程质量监督管理规定》等法律、法规和规章，决定：

□ 责令改正影响工程质量安全的上述_____等问题。

□ 责令立即排除上述_____中存在的安全事故隐患。

□ 责令_____返工。

□ 责令从_____区域内撤出作业人员。

□ 责令于_____年___月___日___时起暂时停止_____，进行整改。

□ 其他。

以上整改要求，经(建设单位)确认整改后于_____年___月___日前书面报□铁路建设行政主管部门/□监督机构；责令暂时停工整改的，经□铁路建设行政主管部门/□监督机构□监督服务机构□建设单位复查同意后方可复工。

请你单位举一反三，落实建设单位首要责任，全面排查整改质量安全隐患，确保工程建设依法合规。

  被检查单位现场负责人   监督检查人员代表(签名)
  _____   _____ 证号:____

  联系电话:_____   _____ 证号:____

             (工程质量监督机构)
            _____年___月___日

本通知单原件一式 2 份:检查单位、责任单位各一份,复印送相关单位。

注:本通知单是铁路建设行政主管部门或工程质量监督机构执行监督检查任务发现问题时,现场采取的临时监管处置措施,不代替行政处罚文书,提出的整改要求不免除责任单位依法应承担的法律责任。

附录 H
铁路建设工程质量安全监督管理意见反馈表

编号：_____   第__页，共__页

检查项目		检查日期
建设单位		
检查发现的主要问题及有关意见	（检查背景、依据、主要内容） 一、工程质量检查情况 （一）建设单位 …… （二）代建单位/EPC总承包单位（××公司） …… （三）××设计合同段（××设计院） …… （四）××监理合同段（××监理公司） …… （五）××试验检测合同段（××检测公司） …… （六）××施工合同段/标/工区（××集团有限公司） …… 1. 管理资料 　（1）…… 2. 工地试验室 3. "三集中"设施（含钢筋场、拌和站、预制场） 4. 桥涵工程 5. 隧道工程 6. 路基工程 7. 房建工程 8. 轨道工程 9. 四电工程 二、施工安全检查情况 …… 三、有关意见 （整改回复、突出问题及处置、注意事项等要求及意见建议）。	
检查组成员		日期：
建设单位代表		日期：

附录 I

铁路建设工程监督检查问题库

表1

序号	检查时间	检查工点	工点数	责任单位	问题工点	问题分类	问题内容	是否下发整改通知单	通知单编号	质量问题专业分类	安全问题专业分类	闭合情况

表 2

序号	检查开始时间	检查结束时间	检查人员	组织单位	被检单位（项目）	检查工点数	发现问题							下发通知单数	备注
							问题总数	质量			安全		市场秩序	其中通知单问题数		
								质量行为	实体质量	原材料	安全行为	现场安全				

表3

质量问题专业分类									安全问题专业分类							
路基	桥梁	隧道	站场	房建	四电	原材	试验	行为	路基	桥梁	隧道	站场	房建	四电	行为

附录 J
铁路建设工程监督检查工作情况小结

一、检查概况及项目概况
……

二、检查重点
我单位按照年度重点工作安排,结合监管工作重点和项目工程建设实际情况,经认真研究,提出了____季度_____铁路建设项目监督检查重点:

1.……

2.……

……

三、检查开展情况
本季度对_____铁路____标、____标等共____个标段进行监督检查,包括建设单位(_____)、设计单位(_____)、施工单位(_____、_____……)、监理单位(_____、_____……)等共____家受检单位;受检工点有:_____、_____。

本季度监督检查标段____个,工点____个,共发现各类问题____个,其中质量问题____个、安全问题____个、市场秩序问题____个,下发检查表____份、整改通知书____份。

从监督检查总体情况看……(问题分析)。存在的主要问题有:

1. 建设单位管理方面

……

2. 设计单位管理方面

……

3. 监理履职方面

……

4. 施工单位质量安全管理方面

……

四、下一步重点工作
……

工程质量监督(服务)机构
_____年____月____日

附录 K
铁路建设工程监督工作报告

本半年内我单位先后赴_____铁路、_____铁路开展质量监督检查工作。现将监督检查情况总结如下：

一、工程基本概况

……

二、监督检查重点

……

三、监督检查概况

监督检查发现各类质量安全问题____个,其中质量问题____个、安全问题____个、市场秩序问题____个,下发现场检查记录____份、整改通知____份。

各项工作完成情况分述如下：

1. 监督项目概况

序号	项目名称	检查情况		监督检查发现的问题数					下发整改通知单数				
		检查次数	检查工点个数	总数	其中				整改通知份数	其中			
					原材料质量问题	实体质量问题	施工安全问题	行为及其他问题		责令改正	责令返工	责令停工	其他
1													
2													
……													
	合计												

2. 技术支持

……

3. 竣工验收监督

……

4. 质量事故调查

……

5. 举报投诉调查

……

6. 其他质量检查

……

7. 整改闭合管理

……

8. 本半年其他监督工作

……

9. 下阶段监督计划

……

10. 对监督工作的意见建议

……

四、监督检查发现的主要问题(分类)

……

五、对发现问题的处理

……

六、下一步重点工作

……

附录 L
铁路建设工程涉嫌违法信息提报表

〔_____年〕第__号

信息来源	□本单位在履职过程中发现 □铁路相关企业报告　□投诉举报 □其他有关部门移送　□其他		
信息接收时间		提报时间	
信息来源 （单位、个人） 基本情况			
信息内容			
领导批示			
初查情况			
备注			

附录 M
铁路建设项目工程质量监督检测工作方案

一、检查目的

……

二、监督检测组组成

监督小组组长：_____。

成员：_____，_____……

车辆：____台。

三、检测范围及内容

(一)检测范围

……

(二)检测内容

……

四、检测日程安排

检测日程安排表

序号	日期	检查人员	工作内容	天数
1				
2				
…				
备注	1.检测过程中发现问题做好记录并及时上报。 2.若发现存在争议的质量问题,管理部门另行组织相关单位共同进行见证检测。			

五、监督纪律和廉政要求

……

监督检测机构
_____年____月____日

附录 N

铁路工程建设投诉举报登记表

（招标投标/质量安全/市场秩序）

编号：_____

经办人员姓名		收到时间	
投诉举报人			
联系人		联系方式 （电话、传真、邮箱）	
通信地址及邮编			
投诉举报来源	□来访　□信函　□电话　□传真　□邮件　□来访转办		
反映的主要问题			
经办人办理建议			签字： 年　月　日
经办处室负责人意见			签字： 年　月　日
单位领导意见			签字： 年　月　日

附录 O
铁路工程建设投诉举报转办通知单

（招标投标/质量安全/市场秩序）

编号（文号）：_____

_____：

  兹转去_____收到的投诉（举报）材料____件，共____页，请按规定办理。办结后，请及时将有关情况书面反馈我们。

  联系人：_____　　联系电话：_____

_____（盖章）
_____年___月___日

附录 P
铁路工程建设投诉举报受理回执

（招标投标/质量安全/市场秩序）

编号：_____

(投诉举报人)：

  您(你单位)关于_____的投诉/举报材料共____份____页，我们已受理/(不予受理,理由如下)，并将依法组织调查、核实有关情况。

  特此通知。

  感谢对铁路工程建设事业的关心！

            _____(盖章)
            _____年___月___日

附录 Q
铁路工程建设投诉举报处理结果告知单

（招标投标/质量安全/市场秩序）

编号：_____

（投诉举报人）：

  您（你单位）关于_____的投诉/举报事项，我单位经过调查核实，现将有关情况告知如下。

  1. 关于_____事项，经调查属实，我们将依法予以处理。

  2. 关于_____事项，经调查不属实，实际情况为……。

  ……

  感谢对我们工作的支持！

_____（盖章）
_____年___月___日

附录 R 监督（服务）机构年度考核表

项目	考核内容	考核标准	所占分值	考核得分	备注
监督机构或监督服务机构设置（10分）	机构设置合理，分工明确	设置不合理的扣1~3分；分工不明确的扣1~2分	5		
	有固定的办公场所和满足监督工作需求的办公条件	办公场所不固定扣3分；办公设备不齐全扣1~2分	5		
监督人员配备（20分）	监督人员专业结构合理	路基、桥梁、隧道、轨道、建筑、四电等铁路主要专业中每个专业不少于1人，与合同约定相比每少1个专业扣2分	10		
	数量满足工程质量安全监督工作需要	监督人员数量与合同约定相比每少1人扣1分	5		
	监督人员取得铁路建设项目工程质量安全监督证	未取得监督证的，每人扣1分	5		
制度建设情况（15分）	建立健全各项规章制度：(1)监督手续办理制度；(2)监督检查制度；(3)监督项目联系人制度；(4)监督检测制度；(5)监督档案管理制度；(6)工程质量安全投诉举报制度；(7)质量安全事故报送制度；(8)监督信息报送制度；(9)监督人员考核管理制度；(10)竣工验收监督制度	每少一项制度扣1分	10		
	按照国家建设法律法规、规章和国家铁路局有关规定要求制定的规章制度	未履行相关法律法规、规章、国家铁路局有关规定的，每一项扣1分	5		

续上表

项目	考核内容	考核标准	所占分值	考核得分	备注
工作任务完成情况（55分）	质量监督手续办理情况和监督手续台账	未按规定办理质量监督手续的,每项扣4分;监督手续台账不全的,每项扣1分	8		
	监督档案齐全、真实、完整	监督档案不齐全扣1~3分;内容不实扣1~2分	6		
	监督工作信息报送	不按规定报送的每次扣1分	5		
	监督检查计划兑现情况,发现质量安全问题建立台账并及时督促整改闭合情况	无正当理由未按计划完成监督检查工作的,每次扣1分;问题未整改闭合或台账不全的,每项扣0.5分	10		
	接到质量安全事故信息后按规定及时报送	未及时报送或报送信息不全的,每次扣1~2分	5		
	投诉举报未及时调查处理反馈	投诉举报未及时调查处理反馈或调查结论有误的,每件扣1~3分	10		
	提交工程质量安全监督报告	报告内容缺失或不能满足备案要求或未及时提交的,每份扣1~2分	6		
	监督机构或监督服务机构工作作风评价情况	参建单位有不良反映,调查属实的扣1~5分	5		
合计			100		

附录 S

铁路建设工程监督人员年度考核表

姓名		性别		出生年月	
所在机构				监督证号	
职务		技术职称		从事专业	
学历(位)		毕业年限		参加监督业务培训时间	
从事铁路建设相关工作年限			从事铁路工程监督工作年限		
取得国家相关执业资格证书情况					
年度工作总结	(可另附页)				
有无受到党纪、政纪处分					
自评意见	(可另附页) 签名：　　年　月　日				
监督机构或监督服务机构考核意见	（公章） 年　月　日				
铁路建设行政主管部门考核结果	年　月　日				

附录 T
铁路工程造价管理的自检报告

简述项目基本概况(主要介绍路线走向、技术标准、建设规模、建设方案、工可和初步设计批复、资金来源及到位情况、项目公司组建情况、参建单位情况、开工时间、计划工期、完工时间、上一年度监督检查提出问题的落实情况等)。

根据工程造价监督检查的基本要求,现将本年度工程造价自检情况报告如下:

一、造价管理情况

(一)工程造价管理架构、责任人及目标

……

(二)工程招投标情况

……

(三)合同执行情况

……

(四)工程造价台账建立情况

……

(五)变更管理情况

……

(六)投资进度执行情况(仅在建项目填报)/竣工决算编制上报的进展及计划情况(仅已静态验收尚未上报竣工决算项目编报)

……

(七)批复概算执行情况

……

(八)造价从业人员持证及工程材料价格信息管理情况

……

二、造价管理意见和建议

……

三、存在问题

……

四、其他

……

附录 U

铁路工程造价管理台账

××铁路工程

造价管理台账

建设单位：_____

___年___月___日

造价管理台账

造价管理责任人：(签字)
建　设　单　位：(单位盖章)
　　　年　　月　　日

目录

序号	文件名称	文件(或表格)编号	页码	备注
一	铁路工程造价台账文件编制说明			第 册,共 册
二	项目总表			
1	造价台账汇总表	台账1表		
2	中标价与标底或最高投标限价对比表	台账2表		
3	合同支付台账表	台账3表		
4	工程变更台账汇总表	台账4表		
5	新增清单子目单价汇总表	台账5表		
6	铁路工程造价从业人员汇总表	台账6表		
三	各合同段表			
1	××合同段工程造价台账表	台账1-i表		
2	××合同段工程变更台账表	台账4-i表		
3	××合同段新增清单子目单价汇总表	台账5-i表		
4	××合同段铁路工程造价从业人员汇总表	台账6-i表		
……				

89

造价台账汇总表

建设项目名称：
数据截止日期：

第 页 共 页
台账 1 表

章节	工程及费用名称	单位	初步设计		施工图设计		标底或最高投标限价		合同		工程变更		本期末完成		预估调整		预估决算		备注
			工程数量	批复概算（万元）	工程数量	批复预算（万元）	工程数量	费用（万元）	工程数量	合同费用（万元）	工程数量	工程费用（万元）	工程数量	工程投资（万元）	工程数量	工程投资（万元）	工程数量	工程投资（万元）	
1	2	3	4	5	6	7	8	9	10	11	12	13	14	15	16	17	18	19	20
	第一部分 静态投资	正线公里																	
0101	拆迁及征地费用	正线公里																	
	Ⅰ.建筑工程费	正线公里																	
	……																		
	总额	正线公里																	

编制：   复核：

填表说明：
1. 初步设计阶段应按批复初步设计概算价、初步设计阶段的标准费用项目编制。
2. 施工图设计阶段应按批复施工图预算价、施工图设计阶段的标准费用项目编制。
3. 标底（最高投标限价）阶段应按审定的或备案确定的标底（最高投标限价）的标准费用项目编制。
4. 合同阶段以合同文件为依据按合同阶段合同的标准费用项目编制。
5. 工程变更包含：批复的以合同为界面包含合同价格调整，可包括设计变更、物价波动、法律变化、工程数量变化、加速施工、暂停施工、暂估价、计日工价格调整以及合同约定的其他调整内容。数据结构应衔接其他台账数据并闭合。
6. 预估调整包含已发生但未经批复和预计将发生的合同价格调整。
7. 预估决算＝施工合同＋工程变更＋预估调整。数据结构应考虑决算阶段的要求。
8. 本表适用于常规程序项目。当采用以工可或初步设计为基础的设计施工总包或其他管理模式时，本表填报可取标底（最高投标限价）列。

中标价与标底或最高投标限价对比表

第　页　共　页

台账 2 表

建设项目名称：

序号	标段名称	标段长度（km）	主要工程内容	标底或最高投标限价（元）	中标价（元）	开标日期	中标下浮率（%）	中标单位	备注
一	设计								
1									
2									
二	监理								
1									
2									
三	施工								
1									
2									
四	其他								
	合计								

编制：　　　　　　　　　　复核：　　　　　　　　　　编制时间：

填表说明：

1. 下浮率（中标价下浮率）=1-中标价/最高投标限价。
2. "工程类别"原则按照设计、监理、施工，其他分类统计，其中施工分类按实际招标划分类别（如土建、四电等）填写。
3. "工程主要内容"主要填写本标段起止桩号范围及主要构造物规模。

合同支付台账表

建设项目名称：
数据截止日期：

第 页 共 页　台账3表

序号	合同类别	合同编号	结算书编号	合同名称	签约单位	合同金额（元）	结算金额（元）	累计应扣款（元）	累计应支付（元）	累计已支付（元）	待支付（元）	支付比例（%）	备注
1	2	3	4	5	6	7	8	9	10=8-9	11	12=10-11	13=11/10	14
合计													

编制：　　　　　　　　　　　　　　　　复核：

填表说明：

1. 本表应完整地将建设项目的合同、协议发生的费用支付情况一一列出，以便及时了解合同履约情况，并应根据合同实际履约情况及时更新。
2. "备注"栏可说明是否签订结算、超支付原因及其他需说明的情况。

工程变更台账汇总表

建设项目名称：
数据截止日期：

第 页 共 页　台账 4 表

序号	合同段	变更工程名称	变更原因及主要内容	变更批复		合同变更确认情况						备注
						承包人申报情况		项目管理单位确认情况				
				批复文号	增减费用（元）	申报单编号	增减费用（元）	变更令编号	批复文号	增减费用（元）		
1	2	3		8	9	12	13	14	15	16		17
一		Ⅰ类设计变更										
1												
2												
		小计										
二		Ⅱ类设计变更										
1												
2												
		小计										
三	合同段变更统计		变更费用（元）								份数	备注
			变更前		增减		变更后					
			申报	批复	申报	批复	申报	批复			申报 批复	
1	××合同段											
2	××合同段											
	……											
	合计											

编制：

填表说明：
1. 对于Ⅰ类、Ⅱ类设计变更，应在"备注"栏填写批复单位。
2. 表中"合同段变更统计"数据来源于"台账 4-i 表"，其中的数据应与"台账 4-i 表"中相应数据闭合。

新增清单子目单价汇总表

建设项目名称:　　　　　　　　　　　　　　数据截止日期:　　　　　　　　　　　　　　第　页　共　页　合账5表

清单子目编码	清单子目名称	单位	总数量	加权平均单价（元）	总合价（元）	单价（元）		
						××合同段	××合同段	××合同段
1	2	3	4	5=6/4	6	7	8	9	……10

新增变更子目项合计

编制:　　　　　　　　　　　　　　　　　　　　　　　　　　　　　　复核:

填表说明:该表子目项为对应工程变更合同清单中新增增加的子目,其数据来源于"合账5-i表"。

铁路工程造价从业人员汇总表

建设项目名称：　　　台账 6 表
数据截止日期：　　　　　　　　　　　　　　　　　　　　　　　　　　　　　　　　　　　　　　　第　页　共　页

序号	姓名	技术职称	所在部门及职务	本项目任岗时间	持证情况			继续教育情况			备注
					证件名称	证件编号	注册单位	培训时间	培训单位	培训证明	
一	建设管理单位										
1											
二	监理单位										
1											
三	设计单位										
1											
四	施工单位										
1											
五	其他										
1											

编制：　　　　　　　　　　　　　　　　　　　　　　　　　　　复核：

填表说明：
1. 本表填写在本项目就职的主要造价人员情况。其中，获得注册造价工程师证书的人员填写持证情况。
2. 同时拥有不同等级证书的，仅需填写最高等级证书；同时具有不同专业资格证书的，均需填写。
3. "继续教育情况"栏主要填写个人接受的有关工程造价资格及业务培训情况。可填最近一次的情况。
4. 建设单位应对参建各方造价从业人员进行定期统计、核查，汇编成本表，数据来源于"台账 6-i 表"。

××合同段工程造价台账表

建设项目名称：
合同段：
编制范围：   合同段：
                                    数据截止日：
                                    第 页 共 页
                                    台账1-i表

章节	清单子目编码	工程或费用名称（或清单子目名称）	单位	合同			工程变更			预估调整			预估结算			竣工图			备注
				数量	单价（元）	合价（元）	数量	单价（元）	合价（元）	数量	单价（元）	合价（元）	数量	单价（元）	合价（元）	数量	单价（元）	合价（元）	

编制：   复核：

填表说明：

1. 以施工图为基础签订合同的项目，应采用合同价按施工图的费用项目进行分摊。

2. 以初步设计为基础签订合同的项目，施工图设计阶段以合同总价按施工图的费用项目进行分摊。

3. 工程变更包含：以合同为界面反映合同价格调整、设计变更、物价波动、法律变化、加速施工、暂停施工、暂估价、计日工价格调整以及合同约定的其他调整内容。设计变更反映费用项目数量变化，其他为单价或费用的变化，与1-i表采用设计变更栏的费用项目数量是一致的。

4. "预估调整"为预计的合同价格调整。

5. 预估决算＝合同＋工程变更＋预估调整。

6. 竣工图：准确反映工程实际实施完成的图纸，应结合施工图设计、设计变更、工程实际量测等方式确定。采用结算价按竣工图的费用项目进行分摊。与1-i表的竣工图阶段的费用项目数量基本一致。

××合同段工程变更台账表

建设项目名称：
合同段：
编制范围：　　　　数据截止时间：　　　　　　　　　　　　　　第　页　共　页　　　合账4-i表

序号	变更令编号	变更工程名称	变更原因及主要内容	变更发生时间	变更费用（元）							变更依据（附件）	备注
					变更前		增减		变更后				
					申报	批复	申报	批复	申报	批复		
合计												

编制：　　　　　　　　　　　　　　　　　　　　　　　　　　　　　复核：

填表说明：
1. 此表按合同段逐一填报，含Ⅰ类、Ⅱ类等所有工程变更。
2. 变更令编号为项目管理建设管理单位编制的变更号，"备注"栏一般填写批复文件号。
3. 本表应以合同段为单位编制，汇总各合同段数据至"合账4表"。
4. "变更原因及主要内容"栏应简要阐述变更原因及内容。

××合同段新增清单子目单价汇总表

台账 5-i 表

建设项目名称：
合同段：
编制范围：
截止日期：
第 页 共 页

清单子目编码	清单子目名称	单位	数量	单价(元)	合价(元)	备注
1	2	3	4	5	6=4×5	7
新增变更子目项合计						

编制： 复核：

填表说明：该表子目项为对应工程变更合同清单中新增加的子目。

××合同段铁路工程造价从业人员汇总表

建设项目名称:
编制范围:
合同段:
数据截止日期:

第 页 共 页　　　　　台账6-i表

序号	姓名	技术职称	所在部门及职务	本项目在岗时间	持证情况			继续教育情况			备注
					证件名称	证件编号	注册单位	培训时间	培训单位	培训证明	
一	建设管理单位										
1											
二	监理单位										
1											
三	设计单位										
1											
四	施工单位										
1											

编制:　　　　　　　　　　　　　　　　　　　复核:

填表说明:
1. 本表填写在本合同段就职的所有造价从业人员情况。其中,获得注册造价工程师证书的人员填写持证情况。
2. 同时拥有不同等级证书的,仅需填写最高等级证书;同时具有不同专业资格证书的,均需填写。
3. "继续教育情况"栏主要填写个人接受的有关工程造价资格及业务培训情况,可填最近一次的情况。
4. 各单位应对本单位造价从业人员进行定期统计、核查,若有变化应上报建设单位进行汇总更新。